Fichte,
Idéalisme, Politique et Histoire

Ouvrage publié avec le soutien du Conseil Régional Rhône-Alpes

Université Pierre Mendès France, Département de philosophie

1251 Avenue Centrale, BP 47, 38040 Grenoble cedex 9

Printed in France

ISSN 0754-331X

ISBN 2-7116-8375-3

Fichte,
Idéalisme, Politique et Histoire

Actes du Colloque
organisé par le Centre Alpin de Philosophie Allemande

Sous la direction de Jean-Marie Lardic

MYRIAM BIENENSTOCK
MARTIN BONDELI
JEAN-MICHEL BUÉE
CLAUDIO CESA
JEAN-FRANÇOIS GOUBET
JEAN-MARIE LARDIC
JEAN-CHRISTOPHE MERLE
IVES RADRIZZANI
ISABELLE THOMAS-FOGIEL

RECHERCHES SUR LA PHILOSOPHIE ET LE LANGAGE
N° 22– 2003

Les Auteurs

Myriam BIENENSTOCK	Université de TOURS. CNRS
Martin BONDELI	Université de BERNE
Jean-Michel BUÉE	Université de GRENOBLE 2 Centre Alpin de Philosophie Allemande
Claudio CESA	Ecole Normale Supérieure de PISE Centre Alpin de Philosophie Allemande
Jean-François GOUBET	Université de GRENOBLE 2 Centre Alpin de Philosophie Allemande
Jean-Marie LARDIC	Université de GRENOBLE 2 Centre Alpin de Philosophie Allemande
Jean-Christophe MERLE	Université de TÜBINGEN
Ives RADRIZZANI	Université de LAUSANNE Académie des Sciences de Bavière
Isabelle THOMAS-FOGIEL	Université de PARIS I

Avant-Propos

Jean-Marie LARDIC

Plus que toute autre, la philosophie de Fichte a été identifiée à un idéalisme abstrait. Celui-ci radicaliserait le moralisme kantien en voulant à la fois assurer le primat du pratique, comme celui de la pure volonté d'un sujet transcendantal, et établir, par là, un premier principe systématique. Cette exigence absolue serait alors censée nous condamner à un pur devoir-être insatisfaisant et bien souvent dénoncé. Or, d'une part, Fichte est au contraire celui qui va, se consacrant à l'analyse de la causalité de la liberté, tenter de montrer, notamment dans *Le système de l'éthique*, comment cette liberté peut être un principe réellement actif dans le monde, en dépassant le dualisme kantien. D'autre part, le concept de pratique ne s'identifie justement pas pour Fichte à celui de morale, comme l'a montré Claudio Cesa en un article célèbre, et la distinction entre ces deux domaines est d'importance capitale pour comprendre aussi bien les rapports entre le droit et la morale que la vraie nature de la conscience.

Les études ici rassemblées, qui reprennent les interventions du colloque international organisé en janvier 2001 par le Centre Alpin de Philosophie Allemande, visent à montrer le sens concret de l'idéalisme fichtéen et sa fécondité dans les domaines du droit, de la politique et de l'histoire.

Les premiers articles rappellent le sens des principes de la doctrine fichtéenne, par rapport notamment au kantisme, dans le cadre des récentes interprétations. Par delà la *querelle* concernant le statut du Moi absolu, de la conscience finie, et de la signification pratique des principes du système (J.-M. Lardic), seront soulignés à la fois l'enjeu de la formulation fichtéenne de l'action du Moi, par rapport aux exigences d'une *grammaire de l'effectuation* (I. Thomas-Fogiel), et la nouveauté de la perspective fichtéenne dans le *développement de la pensée transcendantale* vis à vis de Kant (J.-M. Buée), aussi bien que de ses contemporains (M. Bondeli). La compréhension du sens pratique de l'*autodétermination* à la liberté, différente de la seule autonomie kantienne (M. Bienenstock), permettra de saisir de façon claire le traitement complet des questions pratiques auxquelles s'est consacré Fichte. Les articles suivants traiteront des aspects proprement politiques et juridiques de l'entreprise fichtéenne, depuis l'écrit concernant la *Revendication de la liberté de penser* (J.-F. Goubet), jusqu'à la réflexion sur *les peuples, les états et l'histoire* (C. Cesa). Mais auparavant la contribution essentielle apportée par Fichte à la problématique du *Fondement du droit naturel* devait être rappelée, étant donné l'importance systématique de l'ouvrage que Fichte consacre à ce thème en 1796-1797 (I. Radrizzani). Une analyse très précise du *droit pénal* aura d'ailleurs montré comment Fichte élabore une théorie qui, contrairement à la pure rétributivité de la sanction, permet de développer une prévention spécifique et d'envisager la resocialisation (J.-C. Merle).

La mise à l'épreuve de l'idéalisme fichtéen par l'histoire, la politique et le droit, loin d'être source d'objections pour une doctrine qui serait rétive à l'application de ses principes, est l'exemple même de l'intérêt d'une philosophie qui s'interroge sur les fondements de l'action, pour mettre en pratique ce qui permet à l'homme de se comprendre comme sujet et de se réaliser comme fin dans le monde de l'intersubjectivité.

L'éclairage de ce livre sur la *Doctrine de la science* semble la rapprocher des préoccupations contemporaines, comme ne manquent pas de le souligner plusieurs des contributions qui le composent. Les échanges entre les chercheurs allemands, italiens et français, aussi bien que, dans le cadre du colloque d'où est issu ce livre, la confrontation avec la pensée pragmatique ou analytique ont montré, en tout cas, la pertinence des problèmes soulevés par la formulation des principes et du sujet de la philosophie pratique.

Nous tenons à remercier ceux qui ont contribué au succès de cette manifestation, comme à la réalisation de cet ouvrage, notamment dans le cadre de la collaboration entre le Centre de recherche de philosophie de l'Université de Grenoble 2 et l'École Normale Supérieure de Lettres et Sciences Humaines, et tout particulièrement Jean-Michel Buée, Jean-François Goubet et Pierre-François Moreau, directeur du CERPHI.

Fichte et la querelle des interprétations

Jean-Marie LARDIC

On n'a pas fini de se quereller à propos de Fichte, comme si celui-ci était voué à réveiller les passions philosophiques et à favoriser les polémiques, après sa mort comme de son vivant. Or, au lieu d'ignorer la querelle des interprétations, on peut, me semble-t-il s'en servir pour mieux comprendre les principes réputés si difficiles de la *Théorie de la science*. Rappelons tout d'abord que la querelle autour de Fichte ne consiste pas seulement en une défense de l'œuvre fichtéenne face à d'autres philosophies représentées par d'autres interprètes. La ligne de front passe ici au sein du fichtéanisme même, entre ceux qui se voudraient fichtéens de stricte observance et les autres accusés plus ou moins d'avoir hégélianisé Fichte en voulant l'exposer. Les Français sont, on le sait, particulièrement engagés dans ce procès, qui s'est ouvert avec la thèse d'Alexis Philonenko, avec, comme accusé principal Hegel, au travers des travaux de Martial Guéroult qui aurait, en quelque sorte, propagé l'interprétation que Hegel, dans la *Differenzschrift* avait déjà donnée de Fichte. Outre Guéroult, se trouveraient d'ailleurs visés un certain nombre de ceux qui ont contribué, comme Xavier Léon, à faire grandir en France l'intérêt pour la doctrine de Fichte. De même, en Allemagne ou en Italie, on pourrait trouver d'autres commentateurs fameux concernés par le même procès. La philosophie fichtéenne ne pourrait-elle, ayant été, on le sait, largement supplantée en son temps par l'hégélianisme, être reconnue qu'en s'en prenant à celui qui l'aurait éclipsée et serait responsable d'un discrédit où elle serait tombée ?

D'abord il faut dire qu'il y aurait là une injustice, car Hegel est l'un de ceux qui ont toujours, malgré les critiques, rendu hommage à la grandeur de Fichte ; et l'on peut difficilement lui reprocher d'avoir, dans sa propre histoire de la philosophie, refusé de voir dans le fichtéanisme le dernier stade de cette histoire.

Concentrée sur sa critique de l'interprétation hégélienne de Fichte, mainte analyse fichtéenne semble faire de Hegel l'objet principal de la discussion, comme s'il était la contre-épreuve et la meilleure manière de faire ressortir, par exemple, l'aspect antidogmatique d'un Fichte. Il y a ici le risque de nuire à l'interprétation même de celui-ci qui se réfère, lorsqu'il critique le dogmatisme par exemple à tout autre chose. Rappelons que Fichte a lui-même suscité la querelle, en son temps, et qu'elle est quelque peu différente de celle qui peut surgir à propos de tout autre philosophe. Car il s'agit du sens des principes mêmes du système et de la portée fondatrice de ceux-ci aussi bien que de leur véritable usage. Si l'on veut pourtant tenter de sortir de cette querelle des interprétations, pour mieux s'interroger sur leur contenu, on pourra dire que le mérite de ce débat aura été au moins de mettre en évidence le caractère problématique du Moi fichtéen pris comme principe, et du modèle d'autodétermination idéaliste qu'il constituerait aux yeux d'un Tugendhat. Il convient par contre de refuser l'alternative à laquelle on se limite souvent. Il nous semble aussi faux de présenter le Moi fichtéen comme un Moi absolu, inconscient et prenant, par différentes étapes, conscience de soi et devant, par la sphère pratique, retrouver son absoluité, que d'envisager les principes comme illusoires au sens d'une dialectique transcendantale en fonction de laquelle Fichte tenterait de nous montrer au contraire la nécessité de nous limiter à la finitude de l'agir moral. Si en effet dans le premier cas le principe nous semble incompréhensible dans sa transcendance, et évidemment voué à l'échec dans sa réalisation, on ne comprend pas, dans le second cas, le sens qu'il y aurait à dépasser cette finitude, bref le devoir moral auquel Fichte nous amènerait à la place d'une fondation métaphysique. Plutôt donc que de chercher en aval du fichtéanisme le sens de ses principes, il faudrait envisager quelle était pour Fichte, dans le cadre de sa manière de comprendre le kantisme, la perspective selon laquelle il a posé ses principes.

Or il s'agissait pour lui de sortir du problème que n'avait pas résolu le kantisme : de briser le cercle de l'aperception transcendantale qui fondait l'expérience, celle-ci étant néanmoins présupposée donnée. Si Kant pose le problème de la condition de possibilité de l'expérience, Fichte remonte à celui de la condition de possibilité de la conscience. Il ne s'agit donc pas, pour lui, de la genèse du réel dans l'absolu, mais de celle de notre conscience par rapport à l'absolu. Au lieu de la métaphysique de la métaphysique dont parle Kant dans une lettre à Marcus Herz de 1781, la théorie de la science fichtéenne visera à résorber le dualisme de l'être et de la pensée, du donné et de l'acte. Bref, il s'agira de penser la pensée. Car il y a bien une difficulté : la pensée s'exerçant sur soi se découvre en régime d'altérité et la réflexion même en témoigne. Le Moi, qui est le pôle et l'acteur de l'identité, est confronté à la différence, et Fichte est d'abord celui pour lequel le Moi pose problème. C'est pourquoi son analyse le pose en principe. Mais Fichte est aussi celui qui fait du Non-Moi un principe, et c'est encore plus difficile à saisir, la genèse fichtéenne et l'activité qu'elle implique visant justement à résorber la dualité. Ainsi, après avoir envisagé, en un premier moment, le problème de la pensée de la pensée, c'est-à-dire celui du Moi, nous attarderons-nous ensuite sur la question de la pensée du Non-Moi. Mais, n'oublions pas qu'il s'agit toujours, chez Fichte, d'un primat pratique et non d'une seule philosophie de la réflexivité, ni d'une logique spéculative. C'est le sens même de l'agir du sujet fini qui est ici en jeu dans la signification des principes et du mouvement qui s'ensuit.

*

* *

Nous pensons en régime d'altérité, et, qu'on le veuille ou non, même la réflexion du Moi sur lui-même l'indique, qui semble le différencier de soi au moment où il veut s'identifier. En ce retard originaire de la pensée s'inscrit l'apparent privilège de l'objet qui l'ancre au cœur du sujet quand celui-ci veut s'atteindre, et revêt alors lui-même cette forme. D'où l'impossibilité de toute psychologie rationnelle et le mystère qui entoure le Moi transcendantal. Et pourtant Fichte saura convertir le problème en solution et trancher le nœud gordien de la réflexivité. Si en effet je me différencie de moi en disant que je me pense, et si le moi pensant et le moi pensé semblent se distinguer à l'infini, le plus intéressant est que, malgré ces différences, je puisse m'identifier à moi-même. Et tel est bien le cas : l'identité est ici fondatrice et il est possible de s'y reconnaître. Ainsi la conscience finie qui est la nôtre a-t-elle en soi la marque de l'unité qui lui permet d'être Moi, au lieu de se confondre avec un donné extérieur et toujours différent de soi. Telle est cette fameuse intuition intellectuelle qui permet au philosophe de rappeler la conscience à son infinité au lieu de se perdre dans l'objet ou de chercher en vain à se saisir dans l'itération réflexive. Il faut admettre alors une réflexion posante, nous faisant retrouver ce qu'il y a en nous de Sujet, et cette intuition n'a rien d'un pouvoir mystérieux ou d'un *intellectus archetypus* créateur. Voilà bien d'ailleurs le sens qu'en donne Fichte dans l'*Essai d'une nouvelle présentation de la Doctrine de la science*. Si chaque conscience devenait objet d'elle-même et indiquait la séparation de cet objet d'avec le nouveau sujet qu'elle est, elle serait inconcevable. « Or la conscience est; par conséquent cette affirmation doit être fausse ». C'est-à-dire « qu'il existe une conscience où le subjectif et l'objectif ne doivent pas être séparés, mais sont absolument un être ». Fichte nommera cette conscience intuition, comme « un se poser comme posant » ou « intuition intellectuelle »[1].

Il ne suffit pas de faire retour sur soi pour ne pas se confondre avec un mur ou un morceau de lave dans la lune, encore faut-il ne pas se considérer comme un mur. Et l'intuition intellectuelle se différencie de l'intuition sensible dans sa direction, mais aussi de celle d'un sens intérieur en ce que, par elle, on peut retrouver l'activité en l'agir de la pensée qui constitue nos représentations, les fonde, mais nous distingue d'abord de tout être, bref nous fait être sujet[2].

1. *Essai d'une nouvelle présentation de la Doctrine de la science* (1797-1798), trad. I. Thomas-Fogiel, Paris, Vrin, 1999, p. 75-177.

2. *Ibid.*

Ainsi le mouvement que Fichte veut saisir, loin d'être l'objectivation d'un sujet absolu (prenant conscience de soi dans une finitude qu'il aurait à dépasser), est-il plutôt celui d'une subjectivation de la pensée exprimée en régime de finitude. La réflexion à laquelle il invite est en même temps intuition de la portée positionnelle de la pensée pure que nous ne sommes pas, mais que nous avons. Cet acte est l'acte le plus originaire du sujet. Il excède le statut d'une réflexivité finie pour nous replacer dans l'activité fondatrice de nous-même qui nous différencie, même si nous l'oublions souvent, de tout objet. Nous nous satisfaisons trop vite de l'extériorité, alors que Fichte nous rappelle à nous-même, au Moi pur qui est en nous et que nous devons atteindre. Nous devons faire effort pour le rejoindre parce qu'il nous pose d'abord nous-même en se posant. Ce que nous avons en propre s'exprime dans notre pouvoir de poser quand nous sommes purement sujet, *i. e.* agissons. Car, ne l'oublions pas : « Lorsque A se donne à lui-même une loi, même une loi uniquement spéculative, il n'est pas qu'intelligence, il est aussi pratique; il se présente lui-même »[3].

Il ne s'agit donc pas du processus d'un Moi absolu inconscient qui se finitiserait, mais de la prise de conscience du Sujet qui se pose et s'exprime en nous. Cela implique, on le sait, une activité pratique, mais aussi l'activité philosophique comme telle, nécessaire pour cette prise de conscience de l'activité. Le philosophe doit faire accéder la conscience au soi, *i. e.* au Moi, pour qu'elle soit conscience de soi en mettant en évidence l'activité de la pensée dans sa fonction positionnelle de sujet absolu[4].

3. *Méditations personnelles sur la philosophie élémentaire*, trad. I. Thomas-Fogiel, Paris, Vrin, 1999, p. 184. Fichte soulignait ainsi dès les *Méditations personnelles sur la philosophie élémentaire* la question fondamentale qui impliquera « un autre point de vue que celui de la connaissance » et une déduction à partir de la raison pratique. Fichte préfère, pour désigner l'activité du Moi en ce qui concerne l'intuition intellectuelle, le terme d'égoïté à celui d'intelligence (cf. trad. cit., p. 177).

4. Il y a bien de la différence entre parler d'un Moi absolu inconscient de lui-même et dire qu'il y a d'abord un rapport inconscient à ce Moi pour le moi fini que le philosophe rappelle à lui-même dans son agir.

Il faut comprendre ainsi le procédé de la double série, et le rôle du Moi philosophe, dans la *Grundlage* de 1794, sans d'ailleurs y voir une contradiction avec une intuition intellectuelle prétendue absente de l'exposition des principes dans cet ouvrage. Au contraire, le principe du Moi absolu de 1794 n'est pas celui de chacun, mais celui que le philosophe pense en rappelant par là la subjectivité absolue où s'ancre la nôtre, qui, elle, est toujours confrontée à l'opposition du Non-Moi et s'exprime à partir du troisième principe : le Moi divisible face à l'objet. D'ailleurs la *Grundlage* utilise bien cette intuition, malgré les objections à ce sujet d'Alexis Philonenko [5]. La déduction des principes qui expliquent notre finitude, la logique finie qu'elle signifie, part du sujet absolu qui lui donne sens. Or celui-ci est d'abord activité et non être, ce qui explique le primat du pratique et la différence avec la seule activité de l'intelligence qui se réfère au Non-Moi. La *Grundlage* insiste beaucoup sur ce point dans le premier paragraphe : le Moi « se pose par son pur être et est par son pur être posé » [6]. Il faut ici bien différencier cette position, et la pensée qu'elle requiert, d'une représentation. Dans son écrit sur *Sur le concept de la Doctrine de la science* Fichte évoque ainsi la différence entre le Moi philosophant et le Moi absolu :

> Dans la Doctrine de la Science, le Moi est représenté ; il ne s'ensuit cependant pas qu'il soit représenté simplement comme représentant, simplement comme intelligence, mais on peut encore assurément lui découvrir d'autres déterminations. Le Moi comme sujet philosophant n'est incontestablement que représentant, le Moi comme objet de l'activité philosophante pourrait être encore quelque chose de plus. Le représenter est l'action suprême et absolument première du philosophe comme tel ;

5. *Cf.* la remarque qui témoigne de l'embarras de ce traducteur dans son édition des *Principes fondamentaux de la Doctrine de la Science (Grundlage)*, in *Œuvres choisies de philosophie première* (*OC*), trad. A. Philonenko, Paris, Vrin, 1972, p. 19. A. Philonenko nous dit en effet que si Fichte utilise, pour expliquer la proposition « Je suis Je » la formule « *Schaue wiederum mich selbst an* », qui évidemment implique l'intuition, il traduit quant à lui, « pour éviter toute confusion » « par le mot réfléchir » ces termes, à cause du sens métaphorique de la réflexion!

6. *Grundlage*, in *OC*, p. 21.

> l'action absolument première de l'esprit humain pourrait bien en être une autre [7].

Dans les *Méditations personnelles* de 1793 qui nous livrent la genèse et l'ébauche de la *Grundlage*, les deux aspects étaient encore plus nettement distingués en *Darstellung* et *Vorstellung*. Ainsi, tandis que le Moi intelligent, en rapport à un Non-Moi, est celui de la représentation, le Sujet, dans son activité pure, est « force de présentation » [8]. Et Fichte de préciser :

> La position du Moi s'appelle présentation, la position du Non-Moi comme réel s'appelle représentation. Tout ce qui parviendrait à la conscience empirique serait représentation ; la présentation n'advient jamais à la conscience empirique ; mais pourtant, elle constitue la conscience pure [9].

On comprend pourquoi Fichte, dans son *Essai d'une nouvelle présentation* [10], préfèrera le terme d'égoïté à celui d'intelligence, dont déjà les *Méditations personnelles* disaient qu'elle était « prédicat » et non « sujet absolu » [11]. Il ne s'agit pas de dire *Cogito ergo sum*, ou *Je pense, je suis,* mais *Je pose* ou *« Je me pose existant donc j'existe »* [12]. Ce qui n'est évidemment pas sans conséquence quant à la portée morale du Moi absolu.

Ainsi d'ailleurs peut-on seulement sortir du problème du fondement. Contrairement à Reinhold, Fichte proposait déjà, dans sa *Recension de l'Énésidème* de retrouver au lieu du fait, l'opération (*Tathandlung*), qui seule peut constituer le premier principe ou *Grundsatz*, et éviter de reconduire la dualité avec l'être donné. De même peut-on alors sortir du cercle de la logique et de l'identité à propos de la position du Moi et du reproche de pétition de principe qu'un Schulze adressait au principe de représentation de

7. *Sur le concept…*, in *Essais philosophiques choisis (1794-1795)*, trad. L. Ferry et A. Renaut, Paris, Vrin, 1984, p. 68.

8. *Méditations personnelles…*, trad. cit., p. 103.

9. *Ibid.*, p. 104.

10. Trad. cit., p. 177.

11. *Méditations personnelles*, trad. cit., p. 179.

12. *Ibid.*, p. 105.

Reinhold. Le cercle est brisé dans la mesure où on exprime l'identité du Moi par rapport à ce principe de position par le Moi et pour le Moi. On ne fait d'ailleurs ici que penser ce qui est considéré naïvement, dans la tradition, comme à la fois loi de l'être et de la pensée, sous le titre de principe de l'identité. Comme l'a rappelé récemment, de façon fort pertinente, Claudio Cesa, la métaphysique de Baumgarten (§ 11) parlait du « *principium positionis sive identitatis* ». Encore fallait-il penser la position.

L'on peut enfin comprendre aussi la vraie puissance génétique du Moi transcendantal, en liant la forme logique du jugement et l'unité synthétique du divers de l'intuition. Rappelons-nous comment, dans l'Analytique transcendantale de la *Critique de la raison pure*[13], Kant indiquait déjà la fonction de la logique transcendantale dans sa différence avec la logique générale :

> La même fonction qui donne l'unité aux diverses représentations dans un jugement donne aussi l'unité à la simple synthèse des diverses représentations dans une intuition, unité qui généralement parlant, est appelée le concept pur de l'entendement. Ainsi le même entendement, et à la vérité, par les mêmes actes au moyen desquels il produit dans les concepts en se servant de l'unité analytique, la forme logique d'un jugement, introduit aussi, au moyen de l'unité synthétique du divers qui se trouve dans l'intuition en général, un contenu transcendantal dans ces représentations, et c'est pourquoi elles s'appellent des concepts purs de l'entendement, qui s'appliquent *a priori* à des objets, ce que ne peut faire la logique générale[14].

Le problème est évidemment, même si est indiquée la voie d'une fondation de la logique, comme de l'esthétique, que la logique transcendantale ne fait que trouver « devant elle un divers de la sensibilité *a priori* » afin que les concepts purs de l'entendement soient pourvus de matière. Mais la spontanéité de la pensée exigera que ce divers soit parcouru et assemblé par l'action synthétique, qui, seule, rendra possible une connaissance. Il n'en

13. Livre I, chapitre 1, 3e section.

14. *Critique de la raison pure*, trad. A. Tremeysègue et B. Pacaud, Paris, P.U.F., 1971, p. 93-94.

demeure pas moins que, comme Fichte le déplore dans son *Précis de ce qui est propre à la Doctrine de la science*, de 1795, « Kant part de la présupposition d'une diversité donnée à l'unité de la conscience en vue d'une saisie possible. Du point de vue auquel il s'était placé, il ne pouvait partir d'aucune autre présupposition »[15]. Il a ainsi limité la capacité de cette logique transcendantale en allant du particulier à l'universel, au lieu de comprendre « tout le système de l'esprit humain » et de « démontrer qu'une diversité est donnée pour une expérience possible » comme voudra le faire la Doctrine de la science[16]. Fichte voudra donc comprendre comment la logique transcendantale des principes fonde la logique générale et comment en prendre conscience à partir de cette dernière, c'est-à-dire de l'activité du Moi en elle. Mais il nous présentera en même temps la déduction de ce divers de la sensibilité *a priori* qu'exige la logique transcendantale, alors que la logique générale restait dans son abstraction en requérant que des représentations lui soient données. Cette unification et cette fondation permet de comprendre pourquoi la présentation de l'intuition intellectuelle par Fichte désignera à la fois l'identité dans la différence réflexive de façon très intellectuelle, voire quasiment conceptuelle, et sera en même temps évoquée dans l'immédiate conscience de tout acte et de tout moment de la conscience comme celle sans laquelle « je ne puis faire un pas, ni bouger la main ou le pied » sans posséder en ces actes la conscience de Moi[17]. Fichte accomplit en somme véritablement le dessein d'une logique transcendantale que Kant n'avait fait qu'indiquer. Et en dégageant, parmi les exigences de la connaissance, comme la seconde, la synthèse que l'imagination opère de la diversité, avant que les concepts permettent la connaissance en donnant l'unité à cette synthèse pure, Kant était sur la voie. Restait à comprendre la diversité de l'intuition pure comme donnée, à déduire en même temps l'esthétique qui implique l'unité ne se contentant pas de rassembler le divers, mais

15. *Précis de ce qui est propre à la Doctrine de la science de 1795 (Précis…)*, in *OC*, p. 184.

16. *Ibid.*

17. *Essai d'une nouvelle présentation…*, trad. cit., p. 129.

le produisant effectivement. C'est ainsi que Fichte présente les choses dans le *Précis* de 1795 :

> Kant conçoit la production originaire des catégories comme formes intellectuelles. De son point de vue il a entièrement raison. Mais c'est pourquoi il a besoin des schèmes construits par l'imagination pour rendre leur application possible aux objets. Par conséquent aussi : tout comme nous il admet que les catégories soient remaniées par l'imagination et qu'elles lui soient accessibles. Dans la Doctrine de la science, les catégories sont engendrées sur le terrain de l'imagination elle-même, en même temps que les objets et afin de rendre ceux-ci possibles [18].

Une fois cette unité retrouvée et la différence resituée dans la genèse qui accuse notre identité à l'absolu, une question subsiste : celle de la différence et de la finitude. Comment expliquer ce Non-Moi, comment penser cette altérité qui accompagne notre conscience finie ? Et une fois cette question posée en lien avec le Moi absolu, ne remet-on pas en question la raison d'être du second principe de la *Wissenschaftslehre* ?

*

* *

Car le Non-Moi est bien un principe. Rappelons néanmoins tout de suite que le Non-Moi est d'abord la garantie d'un idéalisme transcendantal et non pas transcendant comme le serait « un système qui déduirait les représentations déterminées à partir de l'agir libre, et absolument sans loi, de l'intelligence » comme l'indique Fichte dans la *Nouvelle présentation* [19]. Le Non-Moi nous indique bien que le premier principe ne saurait être confondu avec le moi de tout un chacun porté à l'absolu, puisque, quant à lui, il n'est pas conditionné par le Non-Moi. Celui-ci est par contre la condition de possibilité du moi fini que nous sommes. Le Moi absolu, ou Dieu, est condition de possibilité de notre conscience dans ce qu'elle a d'actif et de subjectif, le Non-Moi l'est de la fini-

18. In *OC*, p. 222.

19. *Nouvelle présentation*, trad. cit., p. 113.

tude de cette même conscience qui nous empêche de nous prendre pour Dieu. La voie « menant de l'infinité indéterminée et indéterminable au fini par la médiation de la faculté de détermination » que la *Doctrine de la Science* nous propose d'emprunter en descendant « de l'universel jusqu'au particulier »[20], n'empêche pas de reconnaître que cette détermination s'opère par le choc du Non-Moi qui est corrélatif de la réflexion du Moi sur lui-même, caractéristique de la conscience finie. Que cette limitation s'effectue, cela ne peut être déduit, mais cela doit se produire « si une conscience réelle doit être possible »[21]. Condition de possibilité de cette conscience, le Non-Moi ne saurait donc être identifié au concept d'une chose ou d'un être[22], et si d'ailleurs ce Non-Moi existait dans sa totale indépendance par rapport à nous, cette conscience serait tout autant impossible. « Tel est le cercle que l'esprit fini peut élargir mais dont il ne peut s'affranchir », à savoir « que l'esprit fini doive poser quelque chose d'absolu en dehors de lui-même et cependant reconnaître par ailleurs que cet être n'est que pour lui »[23].

Si la présentation du premier principe rappelle la pensée comme position, « le Non-Moi est par contre condition de représentation qui définit la conscience empirique, contrairement à la présentation qui seule constitue la conscience pure »[24]. Déjà dans les *Méditations personnelles*, Fichte indiquait bien comment le Non-Moi n'était pas en soi, mais seulement dans le Moi comme opposé au Moi. Ni être, ni non-être, il est la négation ou l'opposition. Non pas non être qui s'opposerait à un moi, être, *Ens*, mais plutôt « n'étant pas »[25], de n'être pas par sa position. Négation existante

20. *Précis*..., in *OC*, § 1, p. 184.

21. *Grundlage*, in *OC*, 3 e partie, § 5, p. 142.

22. *Grundlage*, in *OC*, 1 re partie, § 3, p. 36 : « Est dogmatique au contraire une philosophie qui identifie et oppose quelque chose au Moi en soi ; et ceci s'opère au sein du concept de la chose qui devrait être le plus élevé (*Ens*), et qui en même temps est tout à fait arbitrairement posé comme le plus élevé ».

23. *Grundlage*, in *OC*, 3 e partie, § 5, p. 146.

24. *Méditations personnelles*, trad. cit., p. 104.

25. *Ibid.*, p. 105.

si l'on veut, qui définit le second principe par la forme de l'opposition. D'ailleurs « le Non-Moi n'est pas par lui-même et il n'est pas en soi, contrairement au Moi absolu »[26].

Il ne s'agit donc, avec le Non-Moi, pas d'un nouveau contenu; celui-ci est tout entier fourni par le Moi absolu. Fichte peut donc bien dire que le second principe est conditionné dans son contenu. Par contre la forme, elle, est nouvelle et introduit tout simplement la différence au sein du Moi lui-même entre l'absoluité et la finitude. Institution de la différence entre le Moi fini et le Moi infini, le Non-Moi peut bien apparaître comme la négation de Dieu, qui nous constitue dans notre altérité, et comme la négation, par rapport à nous, dont le véritable soi réside dans cette subjectivité absolue, et qui constitue l'image de l'objet. Le Non-Moi est indissociable de nous et conditionne la dialectique de la divisibilité par laquelle, après le troisième principe, se constitue la *Doctrine de la Science*[27] et le système de l'esprit humain.

Si la relation activité-passivité est nécessaire pour comprendre notre rapport au Non-Moi, et l'affecte d'une passivité originaire, celle-ci ne concerne évidemment pas le Moi pur ou absolu, c'est-à-dire Dieu. Fichte l'indique bien dans les *Principes :* « Pour Dieu, c'est-à-dire pour une conscience en laquelle par la simple position du moi tout serait posé, notre Doctrine de la Science n'aurait aucun contenu »[28]. Si donc Fichte a bien pu écrire[29] à ses correspondants que le Moi c'était Dieu, le Non-Moi le monde, et le Moi divisible fini l'homme, le Non-Moi a d'abord pour fonction cette différenciation entre le Moi pur et le Moi fini. Sa fonction principielle implique donc sa propre réduction, car le Moi fini étant rappelé par le premier principe à sa destination à l'infinité, on peut alors et ne doit par le *Streben* que tenter à jamais de retrouver le sens du mouvement du *Setzen* du Moi pur. La pratique seule peut

26. *Ibid.*

27. *Grundlage*, in *OC*, 1re partie, § 3, p. 30 : « J'oppose dans le Moi un Non-Moi divisible au Moi divisible ».

28. *Grundlage*, in *OC*, 3e partie, § 5, p. 128.

29. Fichte, *Gesamtausgabe der bayerischen Akademie der Wissenschaften* (*GA*), Stuttgart, Fromann, III, 2, p. 392.

réaliser l'idéal, et donner à celui-ci une signification réelle pour nous. Seule elle peut, aux yeux de Fichte, ainsi qu'il le montre dans la troisième partie de la *Grundlage*, alors révéler notre rapport à Dieu par la réduction de cet intermédiaire du Non-Moi.

Bref la première partie de la *Grundlage* et la première proposition, celle du Moi, nous indiquent le sens de l'idéal pratique, ancré dans l'absolu d'une subjectivité dont notre prise de conscience exige aussi pour conséquence la libération de notre conscience empirique à l'égard du Non-Moi. Notre vocation à l'infinité exige à la fois de reconnaître notre identité à Dieu dans la subjectivité, et notre différence avec lui par l'objectivité. Le Non-Moi rappelle qu'il ne faut pas confondre les deux, ni se prendre pour Dieu. Fichte est à cet égard très clair :

> Dans le stoïcisme conséquent l'Idée infinie du Moi est prise pour le Moi réel ; être absolu et existence réelle ne sont pas distingués. C'est pourquoi le sage stoïcien est autarcique et sans limites. On lui attribue tous les prédicats qui reviennent au Moi pur ou à Dieu. Selon la morale stoïcienne nous ne devons pas devenir semblables à Dieu, mais nous sommes nous-mêmes Dieu. La Doctrine de la science distingue soigneusement être absolu et existence réelle ; et ce n'est que pour expliquer cette dernière qu'elle pose l'être absolu au fondement. Le Stoïcisme est réfuté par le fait qu'il est montré, qu'il ne pourrait pas expliquer la possibilité de la conscience. Pour cette raison aussi la Doctrine de la science n'est pas un athéisme, comme doit l'être nécessairement le Stoïcisme, s'il se développe de façon conséquente [30].

C'est donc bien une nouvelle fois à la compréhension du Moi absolu que nous sommes reconduits du point de vue du Moi fini. Il est instructif de comparer la formulation du premier principe telle que Fichte nous la livre à la fin du premier paragraphe (rubriques 8, 9 et 10) [31] et la manière dont Fichte s'exprime dans la première des *Conférences sur la Destination du savant* de 1794, sur la destination de l'homme en soi. Ainsi Fichte déclare-t-il dans la *Grundlage* que le Moi étant pour le Moi puisqu'il se pose, « je suis

30. *Grundlage*, in *OC*, 3e partie, § 5, note p. 144.

31. *Grundlage*, in *OC*, p. 21-22.

absolument parce que je suis », puisque « je me suis posé moi-même »[32] le « Moi se posant et le Moi étant sont une seule et même chose ». Le Moi est alors « tel qu'il se pose lui-même, et il se pose lui-même comme cela même qu'il est », de telle sorte qu'il peut dire : « Je suis absolument ce que je suis ». L'acte du Moi pur peut donc s'exprimer ainsi : « Je suis absolument, c'est-à-dire : je suis absolument parce que je suis ; et je suis absolument ce que je suis »[33].

Nous avons au contraire dans les *Conférences sur la destination du savant* les déclarations suivantes : en tant qu'homme je ne peux pas partir de la *proposition absolue* « Je suis »[34], car ce que l'homme est, « il l'est avant tout non parce qu'il est, mais au contraire parce que quelque chose est en dehors de lui »[35]. L'homme ne peut poser que comme *hypothèse* se trouvant dans sa conscience, la proposition affirmant qu'il est parce qu'il est[36]. Ce qui signifie, commente Fichte, que l'homme est sa propre fin, « qu'il est absolument parce qu'il *doit* être »[37] puisque c'est sa destination d'être raisonnable et puisqu'il n'a pas d'autre fin. Mais, dans la mesure où ce n'est pas seulement « l'être dans l'absolu qui appartient à l'homme », des « déterminations particulières lui appartiennent aussi. Il n'est pas simplement, au contraire il est aussi un certain quelque chose. Il ne dit pas seulement Je suis, mais il ajoute aussi je suis ceci ou cela. ». Et Fichte poursuit : « La conscience de soi empirique, c'est-à-dire la conscience d'une détermination quelconque en nous, n'est possible que si l'on présuppose un Non-Moi », et dès lors la proposition précédente : *L'homme est parce qu'il est,* se transforme en celle-ci : « *L'homme doit être ce qu'il est absolument parce qu'il est*, c'est-à-dire que tout ce qu'il est doit être tiré de son Moi pur,

32. *Ibid.*, p. 22.

33. *Ibid.*

34. *Conférences sur la destination du savant (Conférences…)*; trad. fr. J.-L. Vieillard-Baron, Paris, Vrin, 1994, p. 37.

35. *Conférences…*, p. 38.

36. *Ibid.*, p. 37-38.

37. *Ibid.*, p. 38.

de son égoïté »[38]. C'est donc bien un idéal, le Moi empirique devant « être déterminé de la même manière qu'il pourrait être éternellement déterminé »[39]. C'est pourquoi :

> Le principe fondamental de la doctrine éthique est bien : Agis de telle façon que tu puisses penser la maxime de ta volonté comme loi éternelle pour toi[40].

L'identité absolue de la forme du Moi est un idéal qui prescrit à l'homme sa destination dans la mesure où ce qu'il est empiriquement il le doit au Non-Moi. La ligne de partage est ici très nette entre la position des principes dans la *Grundlage* qui part du Moi pur et la formulation des *Conférences* qui indique comment nous devons nous y élever. Les *Conférences* correspondent seulement au niveau d'analyse de la présentation scientifique donnée de la conscience finie à partir du principe de la divisibilité dans la *Grundlage*, et à celui de la troisième partie, pratique.

*
*   *

C'est à la lumière de cet aspect médiateur et médiatisé à la fois du Non-Moi que peut se comprendre la fameuse question de l'évolution du système fichtéen. Cette évolution semble en effet faire apparaître toujours davantage ce statut relatif du Non-Moi, par rapport certes à l'exigence morale du moi fini, mais surtout, car c'en est la condition, par rapport au Moi absolu. L'idéalisme fichtéen répond alors à la condition *sine qua non* de l'idéalisme pour un Hegel, celle d'envisager le fini dans toute sa négativité, dans la mesure où justement ce monde est disparaissant, voué à disparaître par le Moi qui doit le surmonter, et toujours déjà absorbé par la fondation dans l'absolu dont il n'est alors, source des phénomènes, que phénomène lui-même. De sorte que l'on pourrait dire que finalement, et notamment pour le dernier Fichte, comme pour un Leibniz, l'âme est seule face à Dieu. Il est néanmoins

38. *Ibid.*, p. 38-39.

39. *Ibid.*, p. 39.

40. *Ibid.*

deux directions qui s'offraient à Fichte et qu'il a, l'une après l'autre, suivies. Elles répondent, me semble-t-il, aux tendances les plus profondes contenues dans le système dès la *Grundlage* : la tendance visant à développer la série réelle, c'est-à-dire la philosophie pratique dont les catégories expriment le cadre, comme ce qui est d'ailleurs le plus *ichlich*, et une tendance que l'on pourrait dire pré-phénoménologique au sens hégélien du terme, dans laquelle la prise de conscience de son infinité par le moi fini implique la réflexion sur les conditions de l'apparaître de ce savoir. Les deux, encore liées dans la *Wissenschaftslehre* de 1794, mais avec la nécessaire poursuite à l'infini de ce but, ne vont pas tarder à se dissocier dans les œuvres ultérieures, donnant lieu tout d'abord, jusqu'en 1798-1799, à l'élaboration de la philosophie pratique proprement dite dans le système du droit et de l'éthicité, tandis que les *Théories de la science* ultérieures témoigneront par contre d'une réflexion sur l'absolu, ancrée dans la réflexion de l'absolu en lui-même.

Ainsi tout d'abord voyons-nous finalement, notamment dans le *Fondement du droit naturel*, comment le Non-Moi autre que Moi est en fait l'autre Moi. La sollicitation par lui-même de mes propres tendances est bien le signe que même dans le surgissement des relations où s'indique ma finitude, le sujet est toujours présent. On connaît les pages de Fichte disant comment *un* individu ne peut l'être sans qu'il n'y en ait *deux* et comment il n'y a pas de *moi* sans *toi*. Néanmoins, si l'autre subjectivité finie témoigne bien de la relativisation du Non-Moi à la subjectivité absolue fondatrice qui s'indique elle-même dans la mesure où l'autre, comme moi, doit au Moi pur d'être un Moi, il restait à franchir le pas qui conduit Fichte, à partir de 1801, à n'interpréter l'être et le savoir qu'en rapport avec cet absolu lui-même et à ne voir dans notre savoir de l'être, image de notre finitude naguère reliée au Non-Moi, que l'indice de notre dépendance par rapport à l'absolu. Tout comme la *Wissenschaftslehre* de 1804, celle de 1801 et les autres œuvres de cette période, loin de témoigner d'une prédominance de l'être, nous acheminent vers une reconnaissance de l'absolu du savoir où notre savoir n'est plus que l'image de l'absolu. Le temps nous manque pour citer ce qui, dès la *Grundlage*, annonçait, dans la théorie de la réflexion, voire du reflet, la théorie de l'image des

Théories de la science ultérieures. Mais il est certain que le monde, désigné d'abord par le Non-Moi, n'est, pour Fichte, qu'à l'image de Dieu, et n'a plus de sens que par notre savoir qui n'est, pour le Fichte tardif, que l'ultime image de celui-ci.

La relativité du statut du Non-Moi, indissociable de sa réduction progressive, mène en même temps à celle de la conscience finie qui s'inscrit dans la dialectique interne à l'absolu du savoir et de son être, c'est-à-dire dans son activité propre.

Par la théorie de l'image, Fichte dépouille le principe de l'égoïté de la confusion qui peut toujours surgir lorsqu'on ne comprend pas le sujet-objet, et accomplit la dialectique du *setzen* en l'unifiant enfin avec celle de l'intuition qui, dans la première philosophie, nous indiquait déjà la voie de l'identification. L'image comme non-être nous renvoie à l'être d'un absolu qui est vraiment activité et d'où procède l'apparence de différence du savoir par rapport à lui. L'évolution du système fichtéen n'est donc pas faite de contradictions, de ruptures ou de révolutions. Elle semble n'exprimer que la logique d'un système visant à nous faire prendre conscience de l'absolu, et dont l'accomplissement témoigne de la force d'attraction de celui-ci. Il n'a pas fallu moins que toutes les réécritures successives de la *Wissenschaftslehre* pour libérer la puissance d'infinité contenue en lui. La relativisation du second principe implique en germe celle de la conscience finie qui reconnaît dans les dernières *Wissenschaftslehren* de Fichte qu'il n'y a que Dieu et que nous sommes à son image. Fichte avait donc bien raison de se défendre de l'accusation d'athéisme, et loin que cette querelle ait été la cause de l'inflexion du système, elle n'a peut-être fait qu'aider Fichte à révéler ce qu'il faudrait plutôt nommer l'acosmisme idéaliste de la *Wissenschaftslehre.*

La grammaire de l'effectuation

Isabelle THOMAS-FOGIEL

Au tout début du *Système de la liberté*, L. Pareyson note, non sans ironie, que le problème de l'évolution de la pensée de Fichte est devenu à ce point essentiel au sein des études fichtéennes qu'« une connaissance approfondie de la pensée de Fichte se réduit au fond à avoir une opinion sur ce problème »[1]. Et de fait, si les interprétations du philosophe sont multiples, si la périodisation de son œuvre diffère d'un commentateur à l'autre, il n'en demeure pas moins qu'un grand nombre d'interprétations, avant ou après 1950, partagent un même présupposé, à savoir d'une part que le changement a eu lieu et d'autre part que ce changement peut s'exprimer comme le passage d'une doctrine de ce qui est fini (la conscience, le sujet, le Moi) à une doctrine de ce qui ne l'est pas (l'absolu, Dieu, l'infini). C'est ce présupposé commun que je souhaiterais interroger. Pour ce faire, il peut être utile de se mettre momentanément dans la position du néophyte candide qui, pour reprendre l'expression de Pareyson, ne « posséderait aucune connaissance approfondie de la pensée de Fichte » et consulterait naïvement un catalogue des titres d'ouvrages philosophiques. Que lirait ce valeureux huron ? À la rubrique Descartes, Leibniz ou Heidegger, différents titres, tous plus variés les uns que les autres. À la rubrique Fichte, globalement ceci : *L'assise fondamentale de la doctrine*

1. L. Pareyson, *Fichte,* tome II, *Sistema della libertà*, Milano, 1950, p. 14.

de la science, Le concept de la doctrine de la science, La doctrine de la science dite *Nova Methodo, La doctrine de la science,* dite de 1801, *La doctrine de la science de 1804*, mais aussi *Le système de l'éthique d'après la doctrine de la science, Le fondement du droit naturel d'après la doctrine de la science.* Ce faisant, il y a fort à parier que notre bienheureux étranger aux études fichtéennes ne songerait guère à penser la doctrine de Fichte comme une doctrine du sujet fini ou un système de la liberté ni encore moins comme une doctrine de l'infini ou de l'absolu mais la qualifierait bel et bien de doctrine de la science. Il est même probable que, privé de connaissances suffisantes pour comprendre la subtilité des multiples ruptures introduites par les spécialistes, l'impertinent persan camperait sur sa stupéfaction initiale, suscitée par la répétition, pour ne pas dire le martèlement d'une expression qui d'un bout à l'autre de l'œuvre demeure inchangée. Cette expérience imaginaire peut nous inciter à poser la question suivante : et si le terme de doctrine de la science était le principe unificateur de la philosophie de Fichte? Ce terme n'est-il pas comparable à la lettre volée d'Edgar Poe, à savoir ce que l'on a sous les yeux et que l'on cherche partout? Il serait à ce propos utile de faire une histoire de la réception et de l'interprétation de Fichte pour montrer en quoi cette dimension littéralement épistémologique de sa philosophie a tendance à être déniée ou occultée, occultation qui culmine dans le commentaire récent d'A. Renaut, qui, récapitulant, en même temps qu'il l'exacerbe, la tendance sourde de certaines études fichtéennes, n'hésite pas à affirmer : « l'expression de doctrine de la science est une expression malencontreuse »[2]. Face à un tel jugement, on est en droit de se demander si n'est pas tout aussi malencontreux le geste qui consiste à assigner aux différentes versions des doctrines de Fichte, les titres de doctrine de la liberté ou du sujet fini (pour 94), de doctrine de l'infini (pour la *Nova Methodo*) ou de doctrine de l'absolu pour 1804. En effet, en rebaptisant ainsi ce qui pourtant avait initialement un nom, non seulement on fait surgir une évolution là même où ce qui frappe d'emblée est plutôt la perma-

2. A. Renaut, « Fichte aujourd'hui », in *Fichte, le bicentenaire de la doctrine de la science*, Lille, Les cahiers de Philosophie, 1995, p. 291.

nence d'une expression, mais encore on confère subrepticement au terme de doctrine une dimension transitive (la doctrine est doctrine de quelque chose : la liberté, le sujet fini, l'absolu), là ou l'expression de l'auteur est très clairement réflexive, puisque, nous dit Fichte, la doctrine de la science doit s'entendre précisément « comme science de la science ». Cependant si, à la lumière de ces considérations, l'expression de « doctrine de la science » peut être considérée comme la lettre volée du fichtéanisme, il n'en demeure pas moins qu'à vouloir poser cette expression comme principe unificateur de l'ensemble de l'œuvre, on risque de s'exposer à un danger symétriquement inverse de celui dénoncé. En effet, si d'un côté se donne une diversité confinant au morcellement, de l'autre pourrait se profiler une unité réduisant les différentes versions de la doctrine de la science à la simple répétition du même. Dès lors, est-il possible de penser la diversité sans le morcellement, l'unité sans la répétition? Si, comme le veut Fichte, le passage d'une doctrine de la science à l'autre doit se penser comme approfondissement dynamique, alors il doit exister une manière de lire ses textes qui les préserve du double écueil de la rupture spectaculaire ou du ressassement obsessionnel. Or, il peut sembler que cette manière de lire les doctrines de la science, Fichte la délivre lorsqu'il explicite la manière dont il convient de lire Kant pour pouvoir accéder au point de vue de la doctrine de la science. Ce principe de lecture qu'il convient d'adopter, Fichte le résume au tout début de la *WL* de 1804 en une phrase qui condense les multiples indications qu'il a antérieurement données. « Il faut étudier Kant non comme l'ont fait tous les kantiens en collant à la lettre mais en s'élevant de ce qu'il dit réellement à ce qu'il ne dit pas et qu'il devrait présupposer pour pouvoir dire ce qu'il dit »[3]. Si l'on prend au sérieux cette phrase et les multiples développements dont elle se fait l'écho, alors il ressort qu'accéder à la doctrine de la science c'est penser « ce qui est présupposé pour pouvoir dire ce que l'on dit ». C'est cette définition de la doctrine de la science

3. *Die Wissenschaftslehre 1804*, in *Gesamtausgabe der bayerischen Akademie der Wissenschaften* (*GA*), Stuttgart, Frommann, II, 8, p. 27; trad. fr. D. Julia, *La théorie de la science, exposé de 1804*, Paris, Aubier, 1967, p. 34.

comme mise en lumière des conditions requises pour pouvoir dire ce que l'on dit que l'on peut proposer comme principe de lecture de l'ensemble de l'œuvre. Principe général de lecture dont je ne détaillerai qu'un moment dans le cadre de cet exposé, étant bien entendu que l'on ne saurait en un temps si limité parcourir la série des différentes *WL;* ce moment consistera à établir la thèse suivante : ce que l'on a coutume d'appeler la première philosophie de Fichte n'est ni une doctrine du sujet, ni une doctrine du fini mais est la mise en place d'un modèle de la réflexion totalement inédit; ce modèle de la réflexion, que l'on pourrait définir comme une grammaire de l'effectuation, délivre la logique du passage d'une doctrine de la science à l'autre.

LA PREMIÈRE PHILOSOPHIE DE FICHTE N'EST PAS UNE DOCTRINE DU SUJET

Dans une lettre à Reinhart du 15 Mars 1800, Fichte, déjà confronté, du fait de la querelle de l'athéisme, à l'accusation de passage de la thématique du fini à celle de l'infini, insiste sur la continuité du cheminement qui est le sien et plutôt que de se référer à la *Grundlage* fait remonter son questionnement aux *Méditations personnelles sur la philosophie élémentaire* en affirmant que son problème est depuis lors demeuré inchangé. Quel est ce problème, ou pour le dire autrement, quelle est la question dont le terme même de doctrine de la science, introduit en mars 1794, soit juste après l'achèvement des *Méditations*, se veut la réponse? Cette question ou problème, Fichte, le circonscrit dès la première page des *Méditations*. Il écrit : « Comment les pensées s'accordent-elles à l'agir de l'esprit. Comment un tel accord apparaît-il, telle est la question? »[4]. Par cette seule phrase, Fichte marque d'emblée son opposition au questionnement kantien puisque la recherche kantienne consiste à déterminer comment une représentation peut se rapporter à un objet et non, comme l'exige ce début des *Méditations*, à thématiser l'accord des pensées à l'agir de l'esprit. La pro-

4. *GA*, III, p. 23; trad. fr. I. Thomas-Fogiel, *Méditations personnelles sur la philosophie élémentaire*, Paris, Vrin, 1999, p. 45.

blématique de la relation à l'objet tend donc ici à se secondariser au profit de la problématique de la relation du sujet à lui-même dans la mesure où l'accord dont il est question dans la phrase citée n'est plus l'accord des représentations à l'expérience mais l'accord de la pensée à elle-même. Fichte y insiste, puisque dans la même page, s'insurgeant contre la manière parfois rapide dont les kantiens balaient les attaques sceptiques, il écrit : « La question d'Énésidème est comment et par quel moyen pouvons nous prendre conscience des constituants de notre esprit ? »[5]. En un mot, là où Kant aurait demandé : « Quels sont les constituants de notre esprit (les catégories, l'intuition) ? », Fichte s'enquiert des modalités par lesquelles nous pouvons avoir accès à ces différents constituants. Pour le dire dans les termes de Dieter Henrich[6], dès le début des *Méditations*, soit dès l'hiver 1793, le problème n'est plus le problème de la représentation comme relation du sujet à l'objet mais devient le problème de la réflexion comme relation du sujet à lui-même. Néanmoins, cette émergence de la question de la réflexion prend dans les *Méditations* une tournure inédite sur laquelle il convient de s'attarder. En effet, à aucun moment dans les *Méditations*, la question initiale : « Comment et par quels moyens pouvons-nous avoir accès aux constituants de notre esprit ? » ne se transforme en cette autre : « Comment le sujet peut-il faire retour sur lui-même ? »; plus précisément encore l'ensemble du dispositif mis en place par Fichte dans ce texte consiste à éviter cette interprétation de la réflexion en terme de retour sur un X préexistant. En fait, l'élaboration progressive au sein des *Méditations* de la question initiale conduit par déplacements successifs à lier la question de la réflexion au problème du *sagen* (dire) du philosophe. Comment demande Fichte tel philosophe, et plus particulièrement Reinhold et Kant, peuvent-ils soutenir ce qu'ils soutiennent, comment peuvent-ils se satisfaire de démonstrations aussi peu scientifiques ? Ce passage de la question des modalités

5. *Ibid.*

6. D. Henrich, *Fichtes ursprüngliche Einsicht*, in *Subjektivität und Metaphysik*, Frankfurt Klostermann, 1966, ainsi que « La découverte de Fichte » dans la *Revue de métaphysique et de morale*, n° 72, Paris, 1967.

d'accès aux constituants de notre esprit à la scientificité des démonstrations de tel ou tel philosophe conduit à la fin du texte à une exclamation significative, qui condense l'ensemble du cheminement suivi par Fichte. En effet, formulant le reproche sur lequel il ne cessera de revenir par la suite selon lequel les catégories de Kant ne sont pas déduites mais purement et simplement affirmées, il demande : « Comment Kant peut-il se satisfaire de cela, comment peut-il dire ce qu'il dit ? ». Ainsi la question posée dans ce premier texte spéculatif de Fichte, est comme dans la *WL* de 1804, la question du « *sagen* » de Kant. La question de départ sur la conscience par le sujet de ses propres opérations plutôt que de se déterminer comme « retour du sujet sur lui-même » s'explicite en fait par cet autre problème : « Comment tel philosophe peut-il dire ce qu'il dit ? ». La raison de cette étonnante liaison de la relation du sujet à lui-même à une question concernant le statut du discours philosophique, Fichte la fournit de manière extrêmement précise en en indiquant la provenance. En effet, si on relit la phrase citée « La question d'Énésidème est comment et par quels moyens pouvons nous prendre conscience des constituants de notre esprit », si l'on remarque, en outre, le grand nombre d'occurrence des noms d'Énésidème et de Maïmon, auteurs qui, surtout au début du texte, sont plus souvent convoqués que Kant et Reinhold, alors force est de constater que la question que Fichte élabore dans cette première œuvre est induite par les attaques sceptiques contre le criticisme. Ce sont ces attaques qui décident de la physionomie de la question, physionomie qui ne laisse pas d'étonner tant, du strict point de vue de l'histoire de la subjectivité, il n'est pas immédiatement évident que le problème de la relation du sujet à lui-même prenne cette tournure, voire ce tournant. Ces attaques des sceptiques, parce qu'elles ont pour particularité de remettre en cause non pas tant tel ou tel énoncé du criticisme mais bien la possibilité même de son énonciation, sont à l'origine de la manière dont le terme même de doctrine de la science sera compris comme interrogation sur le *sagen* du philosophe. En effet, on se souvient que L'Énésidème, dont Fichte nous dit dans une lettre à Stephani qu'il lui a rendu Kant suspect et l'a engagé à « tout reconstruire », enferme le criticisme en un dilemme ruineux que l'on peut résumer de la manière suivante :

> 1. Ou bien ce que dit la *Critique* est vrai et alors pour qu'une connaissance soit vraie, il faut qu'il y ait une intuition et un concept. Or, l'énumération des conditions de possibilité de la connaissance ne satisfait pas à ce critère de vérité, puisque ces conditions ne sont pas représentables par intuition et concepts. Par suite, si ce que dit la *Critique de la raison pure* est vrai, alors la *Critique de la raison pure* est fausse ;
> 2. Ou bien, il existe un mode de vérité autre que la liaison d'un concept et d'une intuition. En ce cas, Kant a tort de dire que la seule vérité est celle des jugements mathématiques et physiques. Par suite, là encore, la *Critique de la raison pure* est fausse.

Cette alternative est radicale en ce qu'elle met en doute la possibilité même d'écrire la *Critique de la raison pure*. En effet, la particularité de l'argument d'Énésidème est qu'il ne s'en prend pas à tel ou tel contenu particulier de la *Critique*, mais bien à la possibilité même de son énonciation. Quelles sont, demande Énésidème, les modalités discursives ou les modes de savoir qui permettent de dire la nature de la représentation ? Parce que le discours kantien dit quelque chose sur la vérité (comme liaison d'un concept et d'une intuition), mais ne se dit pas lui-même comme vérité (les énoncés philosophiques de Kant ne sont pas le résultat d'un concept et d'une intuition), il se condamne à supposer subrepticement un type de vérité autre que celui qu'il définit. En un mot, ou bien le criticisme met en œuvre une argumentation autoréfutante qui s'invalide au moment même où elle se déploie, ou bien s'il ne veut pas basculer dans cette contradiction dirimante, le criticisme doit nécessairement supposer un autre mode de validité que celui explicité par le contenu des *Critiques*.

De la même manière, mais par un autre biais, Maïmon reprendra cette question du statut du discours du philosophe. Partant du partage kantien entre jugements déterminants, qui ne valent que pour les mathématiques, et les jugements réfléchissants, qui valent pour l'objet beau et organisé de la nature, Maïmon pose en effet cette question en laquelle le criticisme s'est dissout : à quels types de jugements appartiennent les jugements philosophiques de Kant lui-même ? Il ne peut s'agir de jugements déterminants car si tel est le cas le criticisme s'abîme dans l'autocontradiction dénoncée par l'Énésidème. Les jugements philosophiques de Kant sont donc des jugements réfléchissants, qui, comme tous les jugements réfléchissants, produisent des énoncés de l'ordre de la simple vraisemblance, soit des propositions gouvernés par un simple « tout se passe comme si ». Dès lors, conclut Maïmon, si le criticisme veut être cohérent, il doit s'assumer pour ce qu'il est, à savoir un scepticisme.

Il est clair que ces deux attaques convergent vers une même question : Qui écrit la *Critique de la raison pure* et quels sont les procédures mises en œuvre pour écrire ces textes ? C'est ce que Kant ne dit pas et qui rend sa détermination de la connaissance ou bien autocontradictoire ou bien en dernière instance sceptique.

Il convient de relever la profonde modification du scepticisme avant Kant et après lui. Avant Kant en effet, le scepticisme porte sur le lien entre la connaissance et l'être, autrement dit sur le rapport du sujet à l'objet. Ce que Hume conteste c'est le passage de la relation causale en notre esprit à son objectivité dans les choses, c'est à ce type de scepticisme que répond Kant. Or, le scepticisme post-kantien s'avère aussi novateur que dangereux précisément parce qu'il abandonne la thématique classique de la représentation comme relation d'un sujet et d'un objet. Sa question directrice concerne le rapport du philosophe à ses propres propositions. Quel est le statut du discours du philosophe ? Quel mode de savoir doit-il mettre en œuvre pour expliquer la représentation ? Un philosophe comme Kant prétend retracer le fonctionnement de la pensée en tant qu'elle est connaissance d'objet mais ne nous dit rien des procédures par lesquelles il accède à la connaissance de ce fonctionnement.

C'est à partir de cet horizon sceptique que peut-être compris ce lien tout à fait inédit, établi par *Les Méditations personnelles*, entre la question de la relation du sujet à lui-même, ou la question du mode de savoir que nous pouvons avoir de nos propres opérations, et la question du statut du discours du philosophe. Énésidème et Maïmon, en faisant porter l'interrogation sur le statut du discours du philosophe, ont profondément modifié la nature de la réflexion philosophique qui, chez Locke, ou Descartes restait prisonnière du modèle du « retour du sujet sur lui-même ». Par là ils ont conjuré la retombée dans l'introspection psychologique qui, comme l'a montré P. Reuter[7], restait le propre de l'interrogation sur la réflexion comme relation du sujet à ses propres opérations. Demander que le philosophe indique non pas seulement le fonctionnement de la connaissance scientifique (connaissance d'objet) mais la possibilité de son propre discours c'est dégager une voie susceptible de faire sortir la question de la réflexion du psychologisme. Il ne s'agit plus, en fait, d'opérer un énigmatique retour sur soi mais il s'agit de montrer à quelles conditions le philosophe peut énoncer un certain nombre de propositions. Le contenu de son discours doit, pour prétendre à la vérité, indiquer en même temps son statut. Cette question sur le statut du discours du philosophe, véritable coup d'envoi de l'idéalisme allemand, explique le geste des *Méditations*, dont l'originalité réside en ceci qu'à une définition de réflexion comme retour du sujet sur un X préexistant, il substitue une définition de la réflexion comme interrogation sur le *sagen* du philosophe, et plus précisément encore comme interrogation sur « ce qui est présupposé pour pouvoir dire ce que l'on dit ».

Quels enseignements nous délivrent l'élucidation de cette question directrice des *Méditations* dont Fichte, dans la lettre citée de 1800, affirme qu'elle demeure l'axe de toutes ses recherches?

Tout d'abord, l'on comprend pourquoi Fichte entend substituer à l'antique terme de philosophie le terme de doctrine de la science. En un mot on comprend d'emblée la dimension proprement épistémologique de l'œuvre. En effet, ce qui est en cause dans les attaques sceptiques contre le criticisme c'est la détermination kantienne de la connaissance et de la validité objective. Si, comme l'ont montré les sceptiques, la définition de la validité objective telle qu'elle est donnée dans la *Critique de la raison pure* est autocontradictoire, alors l'ensemble du criticisme s'effondre. Car c'est à partir de cette définition que sont conquis aussi bien les énoncés de la *Critique de la Raison pratique* (la distinction entre foi et savoir n'ayant de sens que si l'on a déterminé préalablement

7. *Kants Theorie der Reflexionsbegriffe,* Würzburg, Königshausen, 1989, p. 30.

l'essence du savoir) que les énoncés de la *Critique de la faculté de juger* (la définition des jugements réfléchissants supposant la détermination préalable des jugements déterminants). C'est donc bien la question du savoir qui motive la reconstruction fichtéenne et non, comme on se plaît trop souvent à le répéter, le problème de la conscience morale, dont le traitement kantien n'aurait pas satisfait le jeune Fichte.

Ensuite, la caractérisation de la philosophie de Fichte comme philosophie du sujet est sujette à caution. En effet, si l'on admet, avec D. Henrich que la philosophie de Fichte n'est pas une réponse à la question de la relation du sujet à l'objet, si l'on admet donc que Fichte ne propose pas une autre réponse à la question kantienne (soit un idéalisme radical – c'est ce que retient Kroner mais aussi Cassirer et M. Gueroult, soit l'intersubjectivité – c'est ce que retiennent A. Philonenko et ses disciples), il n'en demeure pas moins que l'on peut être en désaccord avec D. Henrich sur la manière dont il interprète le modèle de la réflexion comme « retour sur » et pense de ce fait que Fichte inaugurerait une seconde étape de la philosophie de la subjectivité, seconde étape qui, en dépit de sa percée, n'en retomberait pas moins, aux yeux de D. Henrich, dans les apories inhérentes au modèle d'un sujet qui, retournant sur lui-même, serait condamné à s'objectiver *et donc à se nier*. En effet, à la lumière des analyses précédentes, il peut apparaître que, d'emblée c'est-à-dire dès les *Méditations*, le dispositif de la réflexion n'est pas celui décrit par D. Henrich. La réflexion est liée à l'analyse du *sagen* du philosophe et non au mouvement de retour sur un être préexistant[8]. Parce que la question

8. C'est là ce que n'a cessé de souligner Fichte dans toutes ses œuvres : par exemple dans la célèbre parenthèse de la *Grundlage* (*GA*, I, 2 p. 260; trad. fr. A. Philonenko, in *Œuvres philosophiques choisies* (*OCPP*), p. 21) lorsqu'il dénonce la question du retour sur une conscience préexistante comme vide de sens et autocontradictoire, lorsqu'encore dans l'*Essai sur la nouvelle présentation de la doctrine de la science* il met en garde contre cette interprétation du Moi qui en ferait un « ce sur quoi il faut retourner <qui devrait> être avant d'être pensé ou avant que l'on y retourne » (*GA*, III, 3 p. 273-274; trad. fr. I. Thomas-Fogiel, Paris, Vrin, 1999, p. 173), lorsqu'enfin dans la *WL* de 1801 il annonce d'emblée que « la question n'est pas de savoir comment vous pourriez concevoir ce que vous *savez* en ce qui

rectrice est la question du statut du discours, parce que la doctrine de la science se veut l'analyse des propositions qui prétendent à la validité de ce qu'elles disent, le Moi = Moi de Fichte ne correspond à aucune des définitions qui, avant ou après lui, ont été donnée du « sujet ». En effet, que l'on entende par sujet, la substance métaphysique au sens cartésien du terme, qu'on le comprenne en un sens kantien ou reinholdien, comme instance représentante indissolublement liée à un objet représenté, ou encore que l'on détermine le sujet comme sujet fini, pratique ou théorique, comme conscience de soi incarnée dans un monde qui la transcende, aucune de ces acceptions ne recouvre ce que Fichte nomme le sujet-objet. « Moi, sujet, âme et esprit ne sont pas synonymes »[9] écrit-il dans la *Nova Methodo*. Parce qu'aucune des définitions du Moi ne correspond, en fait, à ce qu'avant ou après Fichte, on appelle le sujet, sa philosophie est moins une philosophie du sujet qu'une philosophie de l'identité du sujet-objet, identité du sujet-objet qui prendra la forme très particulière de l'identité du statut et du contenu des propositions, identité du « *sagen* » du philosophe et « de ce qui est présupposé pour pouvoir dire ce qu'il dit ». C'est pourquoi ce qui est en cause chez Fichte c'est bien l'essence du savoir et non la nature du sujet; Fichte n'inaugure pas une seconde étape dans l'histoire de la subjectivité mais marque bien plutôt une rupture d'avec les différentes guises du sujet.

Le troisième enseignement que nous délivre cette formulation de la question de la réflexion en terme de « *sagen* » ou de présupposés requis pour pouvoir dire ce que l'on dit est le suivant : Fichte, confronté aux attaques sceptiques du criticisme a bien, comme il le dit dans les lettres de cette période, fait une découverte sans précédent. Cette découverte est la découverte de la structure que doit avoir une proposition qui se veut scientifique. En effet, nous l'avons vu, le propre de la doctrine kantienne de la

regarde *l'objet* et que vous saisissiez votre conscience (votre conscience de l'objet précisément) comme quelque chose de subjectif et l'objet comme quelque chose d'objectif » (*GA*, II, 6, p. 149; trad. fr. A. Philonenko, Paris, Vrin, 1987, p. 46).

9. *Wissenschaftslehre Nova Methodo* (*WLNM*), Hamburg, Meiner, 1982, p. 31; trad. fr. I. Thomas-Fogiel, *Doctrine de la science nova methodo*, Paris, Le livre de poche, 2000, p. 92.

validité est de ne pas s'appliquer à elle-même, de s'exclure de la validité qu'elle prétend définir. C'est cette non-application de la proposition kantienne à elle-même qui suscite l'effondrement de la détermination kantienne de la connaissance. Par suite, une proposition philosophique devra s'appliquer à elle-même, s'englober elle-même, renvoyer à elle-même. En un mot, sa structure devra nécessairement être auto-référentielle. Ceci nous permet de donner une esquisse de solution à la question de l'évolution telle qu'elle est habituellement posée. Si cette évolution est conçue comme passage d'une philosophie du sujet, du Moi, à une philosophie de l'absolu c'est, d'abord, sur la considération du passage du terme « Moi » de la *Grundlage* à l'expression de savoir qui ouvre, par exemple, la *WL* de 1801. Or, ce qui importe est moins de remarquer ce changement d'une expression que de relever que la structure réflexive, à savoir le redoublement caractéristique des termes demeure parfaitement inchangé. La *WL* de 1801 met en lumière, dès son début, le savoir comme « savoir du savoir », montrant par là que ce qui importe c'est autant le redoublement des termes que les termes qui sont redoublés. C'est ce redoublement qui est décisif, comme il l'est dans le terme même doctrine de la science, redoublement qui, chaque fois, a pour but de faire saillir la structure nécessairement auto-référentielle du point de départ qui, dans toutes les *WL*, sera aussi le point d'arrivée. Par suite, ce qui caractérise les *WL* semble moins le changement (comme passage d'un terme à l'autre) que la permanence (comme maintien d'une même structure, la structure autoréférentielle).

Ce modèle inédit de la réflexion, Fichte n'a cessé, tout au long de son œuvre, de l'exprimer sous de multiples formes. Il l'exprime comme accord entre ce que l'on dit et ce que l'on fait, par exemple dans l'essai d'une nouvelle présentation de la doctrine de la science, accord entre le *Tun* et le *Sagen*, que B. Bourgeois dans *L'idéalisme de Fichte*[10] a lumineusement analysé, accord entre le *Tun* et le *Sagen* qui parcourt également toute la *WL* de 1804. Il l'exprime encore, au sein de la *Grundlage* comme accord entre

10. B. Bougeois, *L'idéalisme de Fichte*, Paris, P.U.F., 1968, p. 13 *sq*.

« l'effectué » et « l'effectuation »[11]; dans ce cadre, il s'agit d'exprimer l'identité entre la relation comme effectuée (où dit Fichte « on réfléchit seulement sur la possibilité des membres compris dans la relation ») et « l'effectuation de la relation elle-même », « effectuation de la relation » qui, nous dit Fichte est « la réflexion du philosophe sur la modalité d'observation »; il exprime encore ce modèle par ce syntagme : « identité entre ce qui est expliqué et le principe d'explication »[12]. Il l'exprime aussi, au sein de textes moins techniques comme *la destination du savant*, comme non-contradiction avec soi-même. Cette contradiction, que la *WL* a pour but d'éviter, n'est évidemment pas de l'ordre de la logique formelle. Il ne s'agit pas non plus de la contradiction physique entre deux forces antagonistes que Kant appelait l'opposition, ni encore moins d'une contradiction entre ma proposition et l'objet qu'elle devrait traduire, contradictions auxquelles donnaient lieu chez Kant les propositions dialectiques. La non-contradiction dont parle Fichte est une contradiction entre l'acte de dire X et ce qui est dit de X, contradiction que nous appellerions aujourd'hui une contradiction performative au sens où dans la proposition « je ne parle pas », le fait de l'énonciation (*Tun* ou effectuation) contredit le contenu de l'énoncé (Le *sagen* ou effectué). C'est pourquoi il semble licite de penser la doctrine de la science comme grammaire de l'effectuation. Grammaire en ce qu'il s'agit de mettre en lumière les règles intrinsèques qui doivent gouverner les propositions qui prétendent à la validité de ce qu'elles disent, règle dont la première et la plus importante est que ce qui est dit ne doit pas être invalidé par le fait qu'on le dise. Effectuation, au sens où Fichte la définit dans la *Grundlage*, à savoir comme la prise en compte non pas seulement du contenu de la proposition mais de ce qui est requis pour pouvoir énoncer cette proposition. Ce que Fichte a en vue, comme l'atteste, par exemple, le principe à partir duquel il réfute l'ensemble des systèmes passés, c'est de remonter au geste présupposé pour pouvoir dire ce que l'on dit, très précisément ce qu'il appelait l'effectuation dans la *Grundlage*.

11. *GA*, I, 2, p. 314-315; trad. cit., *OCPP*, p. 66.

12. *GA*, I, 2, p. 355-356; trad. cit., *OCPP*, p. 98.

C'est cette définition de la doctrine de la science comme grammaire de l'effectuation qui permet de penser d'une part que la première philosophie de Fichte est autre chose qu'une doctrine du sujet, et de démontrer, d'autre part, pourquoi elle n'est pas une philosophie du fini.

LA *GRUNDLAGE* N'EST PAS UNE DOCTRINE DU FINI

Des interprétations aussi différentes que celle de M. Richir [13] ou d'A. Philonenko [14] ont défini la première philosophie de Fichte comme (je cite l'un et l'autre) « système du moi fini ». Pour A. Philonenko, ce système du moi fini signerait la condamnation de l'essentialisme métaphysique oublieux du temps et d'autrui, pour M. Richir la *Grundlage* serait une anticipation de la moderne notion de facticité (*Geworfenheit*). Ces interprétations, en dépit de la différence de leur horizon (kantien pour Philonenko, heideggerien pour M. Richir), sont conduites à survaloriser la finitude et à prêter à Fichte une position qu'il prend soin de récuser au sein même de la *Grundlage*. En effet, on se souvient que dans la *Grundlage*, trois formes de réalisme et d'idéalisme sont stigmatisées : le réalisme et l'idéalisme qualitatif, l'idéalisme et le réalisme quantitatif et le réalisme et l'idéalisme abstraits. Or, la dénonciation de l'idéalisme et du réalisme quantitatifs est une récusation de l'absolutisation de la finitude, récusation qui s'effectue au nom de la considération de ce qui est présupposé pour pouvoir dire ce que l'on dit. En effet, dans le long passage de Gamma 1 et 2, consacré à l'erreur de Kant et d'un post-kantien (à mon avis Maïmon), erreur que Fichte nomme par opposition au réalisme et à l'idéalisme qualitatif de Spinoza et Leibniz, le réalisme et l'idéalisme quantitatif, Fichte entreprend d'analyser ce que lui-même nomme les systèmes du moi fini. Ainsi, à propos de l'idéalisme quantitatif,

13. M. Richir, *Le rien et son apparence : Fondements pour la phénoménologie*, Bruxelles, Ousia, 1979.

14. A. Philonenko, *La liberté humaine dans la philosophie de Fichte*, Paris, Vrin, 1980 (1966).

il écrit « Le principe d'un tel système serait le suivant : le moi est fini simplement parce qu'il est fini ». Face à ce système, il remarque :

> Si haut que s'élève un tel idéalisme, il ne s'élève pas jusqu'où l'on doit s'élever ; jusqu'à l'absolument posé et inconditionné. Certes, une finitude doit être posée ; mais en vertu de son concept, tout être fini doit être limité par son opposé ; et la finitude absolue est un concept contradictoire [15].

En d'autres termes, la finitude radicale est du point de vue de son énonciation imprononçable. Toute finitude ne peut être dite qu'à partir de la considération subreptice de ce qui n'est pas elle, donc à partir de son contraire, l'infini. Nous ne pouvons poser le fini que par rapport à l'infini, celui-ci fut-il pensé, à l'instar de Maïmon, comme fiction nécessaire [16]. Par suite, la finitude radicale est un concept creux, son énonciation une contradiction performative. Parce que l'idéalisme quantitatif ne peut accorder ce qu'il dit à ce qu'il fait, il s'enferme dans ce que Fichte appelle ici très significativement une « contradiction manifeste ».

Plus précisément encore, dans les deux cas envisagés dans ce passage [17], l'erreur a la même origine. Le philosophe ne parvient pas à réfléchir les conditions d'énonciation de la finitude. La « contradiction manifeste » que dénonce Fichte est une contradiction performative dont l'essence consiste à ne pas pouvoir rendre raison du statut de ce que l'on dit lorsqu'on affirme la finitude comme radicale. Le fini ne peut se dire qu'à la condition de supposer du

15. *GA*, I, 2, p. 334 ; trad. cit., *OCPP*, p. 81.

16. Voilà pourquoi il nous semble que Maïmon ne commet pas vraiment l'erreur même si le propos de Fichte peut se justifier. En effet, Maïmon parle de « fiction » pour l'infini. Or pour Fichte il ne s'agit pas d'une fiction, mais d'une structure nécessaire de la pensée ; un geste nécessaire et inévitable ne saurait avoir le statut de fiction. Nous proposons cette interprétation car Fichte, précisément à propos de Maïmon, dira sur un autre problème (le fonctionnement de l'imagination) qu'il est entièrement d'accord avec lui sauf sur un point : on ne peut penser ce fonctionnement comme illusion, ce que disait Maïmon (voir *GA*, I, 2, p. 368-369 ; trad. cit. *OCPP*, p. 108).

17. g 1 et 2, Maïmon et Kant, idéalisme quantitatif et réalisme quantitatif. *GA* I, 2, p. 331-336 ; trad. fr. *OCPP*, p. 79-82.

non-fini, telle est la condition d'une énonciation sensée de la finitude, tel est, pour reprendre la formule de 1804 ce qui est présupposé pour pouvoir dire ce que l'on dit. Il convient de bien prendre garde à la nature de l'argument de Fichte ici. Il ne s'agit pas de reprendre le cheminement de la troisième *Méditation* de Descartes qui, d'une finitude constatée, conclut à l'existence d'un infini actuel hors de moi. La question n'est pas de savoir si l'infini ni même le fini existent, mais la question est : À quelles conditions pouvons-nous, par une énonciation non-contradictoire, déterminer ce qu'est la finitude? Nous ne pouvons le faire qu'à partir de la position subreptice de son contraire.

La nécessité de cette structure nécessairement induite par cette énonciation peut être illustrée par bien d'autres doctrines que celle de Maïmon et de Kant, par exemple par la doctrine psychanalytique lacanienne. En effet, Lacan s'est attaché à démontrer (dans le plus pur fil de Platon) que l'homme était essentiellement manque, désir de ce qu'il n'a pas. Mais pour se concevoir comme incomplétude, encore faut-il que l'homme fantasme un « Autre », qualifié de « Grand » (ce qui le fait ressembler étrangement au Dieu infini de la métaphysique classique), et à partir duquel il se peut déterminer comme manque (fini). Cet exemple montre que, quoique fasse le penseur, il ne peut penser un manque (une finitude) que relativement à un non-manque; ce non-manque fût-il donné comme fantasme ou illusion.

C'est là ce qu'entend souligner Fichte dans son refus de la finitude kantienne ou maïmonnienne. Kant définit la finitude comme radicale sans pouvoir jamais justifier le statut de cette proposition qui, de ce fait, devient un dogme ininterrogé, un interdit de penser ce qui est susceptible de remettre en cause nos certitudes les plus ancrées. Quant à Maïmon, tirant les enseignements de la *Critique de la Faculté de juger*, il admet la nécessité de poser un infini pour permettre à l'homme de se réfléchir comme finitude, mais cet infini, il le définit comme « fiction ». Or, par quelle nécessité argumentative, l'infini est-il ainsi défini comme « fiction »? Cette caractérisation en terme de « fiction » est tout aussi arbitraire que celle qui consisterait à dire que l'infini est une réalité actuelle. Plus encore, si l'infini est posé comme « fiction », pourquoi le fini ne le serait-il pas tout autant, si ce n'est par une évidence subreptice que l'on se refuse d'interroger ? Là encore, il convient de souligner la radicalité et la subtilité de ce que nous avons appelé la grammaire de l'effectuation. Il ne s'agit pas, ici, de dire que l'homme est fini ou à l'inverse qu'il y a un infini, que la rationalité est limitée ou illimitée, etc. ; prendre position sur ces points serait prendre position sur des contenus sans s'interroger sur la consistance de notre énonciation. Il s'agit, bien plutôt, de se demander à quelles conditions une proposition quelconque possède une consistance. La consistance d'une proposition réside en l'articulation entre ce qui est dit et le fait de pouvoir le dire, entre le contenu de l'énoncé et le statut de l'énonciation. À la lumière de cette définition de la consistance d'une proposition, on comprend pourquoi l'énoncé d'une finitude comme radicale et indépassable révèle « une contradiction manifeste », du point de vue de l'énonciation du philosophe qui prétend la dire. Parce que, pour reprendre l'expression de Fichte « le concept de finitude absolue est un concept contradictoire », parce qu'on ne peut accepter le « principe d'un tel système en lequel le moi est fini parce qu'il est fini », il est impossible, à la lumière de ces analyses, de caractériser comme le font les commentateurs le système de Fichte comme système du moi fini. Dans ce passage, comme au demeurant dans tous les autres, l'argumentation de Fichte consiste toujours à n'admettre aucun énoncé sans interroger les conditions de sa production. C'est d'ailleurs là le sens ultime de l'opposition majeure qui structure la *Grundlage* à savoir non pas l'opposition entre moi et non-moi mais l'opposition entre ce que Fichte nomme « la relation acte-passivité » et « l'activité indépendante ». La relation acte-passivité renvoie très précisément à la formule de la représentation telle qu'on peut la trouver chez Kant ou de manière plus épurée encore chez Reinhold : l'activité (sujet, concept) et la passivité (objet, intuition) sont à la fois réunis et opposés dans la représentation. C'est la formule générique qui définit une séquence du troisième principe à savoir « le moi et le non-moi divisibles sont opposés dans le Moi ». Mais cette relation acte-passivité est posée par le Moi. Or ce *Ich* initial est l'acte du philosophe qui pose que « le sujet et l'objet sont opposés et réunis dans la représentation ». Cet acte est ce que Fichte appelle l'activité indépendante qui définit la réflexion du philosophe, l'acte d'effectuation. En effet, le début du point E a pour but de faire saillir la notion d'activité indépendante comme ce qui était impliqué dans notre représentation au moment même ou nous mettions en relation d'action réciproque le moi et le non-moi divisibles. La remontée du contenu de notre proposition à l'acte qu'elle présupposait et qui ne saurait s'exprimer par cette proposition nous permet de mettre en lumière une activité indépendante de cette proposition. Par cette notion d'activité indépendante, Fichte a fait accomplir à son lecteur le chemin de réflexion qu'exigeaient Énésidème et Maïmon de Kant et Reinhold. Kant et Reinhold visaient à dire la représentation comme telle et telle (composée d'acte et de passivité). Quelle est l'opération impliquée dans ce dire ? Telle était la question des sceptiques, telle est la question à laquelle Fichte répond en introduisant, dans la *Grundlage*, ce concept proprement inouï d'activité indépendante. Tout le problème sera donc, comme le dit Fichte, de lier sans contradiction activité indépendante et relation acte-passivité, soit de lier ce qui est dit au fait de le dire, l'effectué (qui est la relation acte-passivité) et l'effectuation (qui est l'activité indépendante). Si une grammaire de l'effectuation doit avoir un sens, alors il faut désimpliquer ce qui est présupposé dans le contenu de ce qui est dit. C'est là le sens de la première philosophie de Fichte qui consiste non pas à valoriser la finitude mais bien plutôt à s'interroger sur les conditions de son énonciation, interrogation qui, comme le montre la lecture de Gamma 1 et 2, conduit à une récusation du concept de finitude.

Par suite, la question de savoir comment l'on passe d'une doctrine du sujet fini à une doctrine de l'absolu se dissout d'elle-même. Ni en terme de rupture ni en terme de passage d'une doctrine du fini à une doctrine de l'infini, le chemin qui mène d'une doctrine de la science à l'autre ne peut-être posé. Mais dès lors comment penser la succession de différentes versions de la Doctrine de la science ? Fichte se contente-t-il de répéter, en l'améliorant, la première version ? C'est là la dernière question à laquelle je voudrais répondre en montrant la cohérence du passage entre la *WL* de 94 à celle *WL* de 98.

Différence et identité des deux premières versions de la *Doctrine de la science*

Nombreux sont les commentateurs à avoir souligné la différence voire la rupture radicale entre ces deux doctrines. Alors que Fichte, dans la *Grundlage*, serait scrupuleusement kantien et lierait indissolublement le sujet fini au monde empirique, dans la *Nova Methodo,* il retomberait dans un dogmatisme précritique, en lequel les concepts de Dieu de monde intelligible, d'infini etc. « ont une validité objective ». À ce titre L. Ferry et A. Renaut interprètent cette deuxième exposition comme la « séparation réinstallée du monde intelligible et du monde sensible »[18]. *La doctrine de la science Nova Methodo* donnerait ainsi le coup d'envoi de ce qu'il est convenu d'appeler « l'évolution de Fichte ». Sur cette question, Fichte a clairement pris position puisque, dès la première introduction, il repère deux différences : tout d'abord, nous dit-il, la *Nova Methodo* commence par la partie pratique alors que la *Grundlage* finissait par elle ; ensuite « les lois de la réflexion doivent être exposées explicitement et de manière approfondie en accord et en liaison avec ce qui en découle. (Cette promesse n'a pu être tenue auparavant, faute de temps) »[19]. En dépit de ces deux différences « les deux méthodes sont possibles » et également « correctes »[20]. Analysons ces deux différences reconnues et proclamées par Fichte.

La *Grundlage* commence par penser le processus par lequel nous en venons à nous représenter un monde objectif et sensible (partie théorique : le moi se pose comme déterminé par le non-moi). Il s'agit donc, prioritairement, d'élucider le processus de représentation, ou la relation acte-passivité définie comme connaissance d'un objet du monde sensible. La *Nova Methodo*, en revanche, commence par penser le processus par lequel on se pense soi-même comme acte. Le processus à élucider, en premier,

18. Présentation de *Machiavel et autres écrits philosophiques et politiques de 1806-1807*, Paris, Payot, 1981, p. 29.

19. *WLNM*, p. 10 ; trad. cit., p. 70.

20. *Ibid.*, p. 44 ; trad. cit., p. 108.

n'est donc pas le même puisque, dans un cas, il s'agit de savoir comment le moi se pose comme déterminé par le non-moi alors que dans le second cas il s'agit de penser l'acte d'auto-position.

> Dans la version actuelle, on part de l'objet immédiat de la conscience, de la liberté […]; dans la version ancienne, l'acte libre, l'effort et la tendance ne servaient qu'à expliquer la représentation et l'intelligence, ce qui constituait le principal but de la recherche [21].

La recherche de la *Grundlage* est finalisée par l'étude de ce que Fichte appelle dans la *Nova Methodo :* « la représentation et l'intelligence », celle de la *Nova Methodo* par l'étude de ce qu'il appelle « la réflexion pure ». Certes, l'une comme l'autre visent, ultimement, à comprendre ensemble les deux processus mais dans la *Grundlage*, le processus de réflexion (que Fichte nommait l'activité indépendante) restait assujetti à la nécessité d'expliquer la représentation (que Fichte nommait la relation acte-passivité). On comprend, dès lors, pourquoi Fichte peut dire d'une part que les deux démarches sont « correctes », même si elles procèdent à l'inverse, on comprend aussi que dans la nouvelle version il s'agit d'approfondir « les lois de la réflexion » (le moi se pose) et non plus celles de la représentation (le moi se pose comme déterminé par le non-moi).

Cette cohérence que Fichte ne cessa de revendiquer peut être démontrée plus rigoureusement encore. En effet, au terme de la partie théorique de la *Grundlage*, les deux processus (représentation et réflexion) étaient très clairement thématisés. Le premier, relevant de la partie théorique, était considéré comme explicité, le second, relevant de la partie pratique, restait à comprendre mais était néanmoins très clairement thématisé dès la fin de la partie théorique; c'est son absence d'élucidation qui nécessitait le passage à la partie pratique. Après avoir expliqué sans contradiction la représentation, c'est-à-dire après avoir répondu à la question de la partie théorique « comment le moi se pose comme déterminé par un non-moi », Fichte écrit : « le moi n'est que ce qu'il pose comme soi. Dire qu'il est infini signifie : il se pose

21. *Ibid.*, p. 72; trad. cit., p. 141.

comme infini, il se détermine par le prédicat de l'infinité »[22]. Si nous partons directement du Moi = Moi, ce que fera précisément la *Nova Methodo*, nous posons d'abord et avant tout l'infinité. Le problème devient le suivant : comment cette infinité est-elle pensable comme telle ? En effet, poursuit Fichte :

> Le moi se détermine par le prédicat de l'infinité. Le moi n'est que ce qu'il pose comme soi. Dire qu'il est infini signifie : il se pose infini ; il se détermine par le prédicat de l'infinité ; ainsi il se limite lui-même (le moi) comme substrat de l'infinité ; il se distingue lui-même de son infinité (ces deux actes étant identiques) ; et il doit en être ainsi si le moi doit être infini. Cette activité allant à l'infini et qu'il distingue de soi doit être *son* activité ; elle doit lui être attribuée ; donc par un acte identique et qui ne doit pas être divisé, ni faire l'objet d'une distinction, le moi doit à nouveau l'admettre en soi (déterminer A+B par A) l'activité. Mais s'il l'admet en soi, celle-ci est déterminée ; et par conséquent elle n'est pas infinie. Or elle doit être infinie et par conséquent il faut qu'elle soit posée en dehors du moi[23].

Le raisonnement ici consiste à tenter de penser la double dimension du moi comme activité infinie et objet posé par cette activité infinie (sujet-objet). L'activité infinie (moi posant) doit se déterminer comme produit de cette activité (moi posé). Trois conditions sont recensées dans cette phrase pour comprendre ce mouvement : a) la distinction, b) l'attribution, c) l'exclusion. Par la *distinction*, nous sommes au cœur du problème de la réflexivité, qui semble condamnée à se donner sur le mode de la scission. Tenter de prendre conscience de soi c'est inévitablement dédoubler le produisant et le produit. Pire encore, toute prédication est détermination et donc limitation. En effet, en affirmant que je suis tel ou tel, X ou Y, je pose une sphère ou fixe des limites qui sont censées me caractériser. Ainsi le moi « se limite lui-même comme *substrat* de l'infinité ». Cette distinction qui contient en soi une limitation nous conduit à *l'attribution*. Or, cette attribution est vouée à l'échec. En effet, si nous prenons le moi comme sujet de

22. *GA*, I, 2, p. 358 ; trad. cit., *OCPP*, p. 100.

23. *Ibid.*, p. 358-359 ; trad. cit., p. 100.

la phrase : « le moi est X », nous en faisons un produit posé, un quasi objet qui recevra des prédicats. C'est là le mouvement d'objectivation du *Cogito* que l'on pourrait analyser, par exemple, au sein du texte cartésien. Cette impossibilité de l'attribution produit *l'exclusion.* Si le moi admet l'activité infinie comme son prédicat, alors cette activité infinie devient une activité déterminée. Elle est donc niée. Le moi exclut hors de soi cette activité pour rétablir, en quelque sorte, l'activité dans son infinité. Le moi est contraint de ne pas poser cette activité infinie comme lui-même. Le processus d'attribution, parce que voué à l'échec, conduit donc à une exclusion de l'infinité hors de soi. Or, cet « hors de soi » n'est absolument pas le même que celui auquel aboutissait le processus de représentation. Cette exclusion sera position d'un monde intelligible et donnera naissance à des concepts qui ne sont plus des « reproductions » (*Nachbildung*) mais des « modèles » (*Vorbildung*).

Ce processus d'attribution et d'échec de l'attribution n'est que suggéré au terme de la partie théorique de la *Grundlage;* son explicitation approfondie dépend de la partie pratique, en laquelle il s'agit non plus de comprendre comment nous pouvons penser le moi déterminé par le non-moi mais comment nous pouvons penser la sujet-objectivité. Or, le problème au cœur de la *Nova Methodo* est celui du mouvement d'attribution immédiate, d'échec de cette attribution et d'exclusion comme position d'un monde intelligible. En effet, les trois premiers paragraphes correspondent au moment de l'affirmation[24]. Le premier paragraphe part de « l'identité du posant et du posé », obtenue par abstraction, puis intuition intellectuelle. Le Moi est cette identité. « Je suis Moi et je me pose comme Moi s'épuisent réciproquement ». Grâce à l'intuition intellectuelle, nous parvenons à une définition minimale du Moi comme acte. Le deuxième paragraphe élucide plus avant cet acte que nous avons posé. Cet acte, nous dit, Fichte, est « un passage » et ne peut être pensé autrement que comme passage. En effet, trouver un fondement extérieur au passage serait purement et simplement nier ce passage. C'est pourquoi nous devons poser que ce passage n'a pas de fondement : « Le Moi effectue un

24. *WLNM*, p. 27-51 ; trad. cit., p. 88-116.

passage parce qu'il effectue un passage, il se détermine parce qu'il se détermine »[25]. Penser le Moi comme passage, pur surgissement, c'est donc élucider plus profondément l'indéductibilité de l'acte. C'est ce que fera le paragraphe suivant (§ 3) qui définira le passage comme liberté. Le passage comme commencement est la liberté, au-delà de quoi on ne peut rétrocéder sans contradiction. C'est pourquoi Fichte, au terme de ce parcours, conclut : « la première chose qui soit vraiment *realiter*, c'est la liberté »[26].

Cette élucidation nous permet, par parenthèse, de définir rigoureusement la signification précise du terme « pratique » chez Fichte. Fichte déclare qu'à la différence de la *Grundlage*, il commence ici par la partie pratique. Or, la problématique qui se donne d'emblée, dans cette partie pratique, c'est celle de l'élucidation de la sujet-objectivité : le Moi = Moi est position de soi et savoir de cette position. La partie pratique est donc élucidation du premier principe. Elle remonte non pas à la condition de ce principe (car sinon le Moi = Moi ne serait plus le premier principe inconditionné) mais tente de penser plus profondément cette identité : cette identité, comme pur passage, commencement absolu, est liberté).

Mais plus précisément, par rapport à notre démonstration, nous pouvons dire que ce premier moment est le moment de l'affirmation parce qu'il s'y agit en effet de montrer que si le Moi = Moi ou identité du posant ou du posé veut être pensé sans contradiction, il doit être pensé comme liberté. Cette élucidation de la structure sujet-objet effectuée, l'analyse suivante mettra en place le processus de l'échec de l'attribution immédiate de la liberté au Moi. Le Moi se pose comme liberté illimitée mais comment peut-il être, en même temps, savoir de cette liberté illimitée ? Telle est la question. L'activité du Moi comme Moi posé (le Moi comme position se définissant comme liberté) doit correspondre à l'activité du Moi posant (le Moi qui doit également se définir comme liberté). L'identité du réfléchissant et du réfléchi ne doit pas être rompue. Dans le cas contraire, l'activité ne se saisirait pas comme activité mais comme passivité d'un objet déjà là. Pour

25. *Ibid.*, p. 47 ; trad. cit., p. 111.

26. *WLNM*, p. 51 ; trad. cit., p. 116.

le dire autrement : si le Moi n'est que l'acte par lequel il se pose, le savoir de cet agir est lui-même un agir. S'il n'y a pas de subsistance du Moi, s'il n'est rien que le poser qui doit être en même temps « savoir de » ce poser, alors il ne peut être saisi que sous la condition de sa propre activité.

C'est pourquoi Fichte distinguera deux types d'activité : l'activité réelle et l'activité idéale. Le Moi est indissolublement position de soi et savoir de soi. L'activité réelle, qui se spécifie en activité pratique, est le passage comme pur surgissement, comme liberté ou acte absolu. C'est là tout ce que signifie pour l'instant pratique : ce qui n'a d'autre raison que son absence de raison, soit la liberté. L'activité idéale correspond dans le « je suis » au savoir de la position comme position. Ce que montre donc le début de cette *WL*, c'est que nous nous orientons vers un approfondissement du processus de réflexion, une élucidation du « je suis parce que je suis ». Penser un modèle de la réflexion qui ne soit pas aporétique, tel est bien le but de Fichte dans la *WL* de 98, comme c'était le sien dans la *Grundlage* et les *Méditations*, mais ici la réflexion est abordée d'emblée et non thématisée à partir de la question théorique de la représentation.

Ces deux activités, l'activité réelle et l'activité idéale, doivent évidemment être liées l'une à l'autre : « les deux activités doivent être une et même. » Le Moi est indissolublement position de soi et savoir de cette position, sujet et objet. L'activité idéale doit déterminer l'activité réelle et l'activité réelle doit déterminer l'activité idéale. Les deux termes que nous devons lier sont l'acte pur et le savoir de cet acte pur, tous deux compris dans le principe : Moi = Moi. Or, le problème est le suivant : ces deux activités ne se présentent pas d'emblée comme une et même, leur identité est à construire, elle n'est pas donnée. En effet, Fichte élucidant, dans ce paragraphe, les deux types d'activité montre que l'activité réelle, en tant qu'elle est pure liberté, est activité illimitée alors que l'activité idéale, en tant qu'elle est savoir, doit être savoir déterminé et donc limité. Par suite, l'identité requise entre le réfléchi (l'infinité de la liberté) et le réfléchissant (le savoir de cette infinité) est rompue. En un mot, le Moi comme infini (l'illimité de la liberté) ne peut se penser sans se finitiser et donc sans se nier.

La question est donc celle de la possibilité de la prédication de l'infinité de la liberté au Moi, exactement comme dans la phrase de la fin de la partie théorique de la *Grundlage*. Le savoir (comme savoir de soi), s'il doit être conforme à ce qui est su doit être lui-même infini. Le moteur de la démonstration est toujours ici l'identité du savoir et du su. Or, tout savoir suppose une détermination et donc une finitisation. La contradiction à laquelle nous parvenons est la contradiction entre la position et le savoir de position ; la question à laquelle il nous faut désormais répondre est la suivante : Comment la spontanéité pure, la liberté absolue peut-elle être conscience d'elle-même ? Commencer par la partie pratique signifie donc « approfondir les lois de la réflexion et ce qui en résulte » ; or, « ce qui en résulte », en un premier temps, c'est l'épreuve même de l'échec : la liberté infinie ne peut se saisir elle-même. Par suite, le Moi ne peut s'attribuer cette liberté infinie. Et pourtant, les trois premiers paragraphes ont montré qu'on ne pouvait élucider l'identité sujet-objet que comme pure liberté. Cette contradiction dessine donc la tâche que nous devrons réaliser : Comment l'activité idéale peut-elle être savoir de l'activité réelle, c'est-à-dire comment la liberté pure peut-elle être savoir d'elle-même, ou encore et toujours, comment penser l'identité du réfléchi et du réfléchissant ? Tous les paragraphes suivants auront pour but de tenter de mettre en accord l'activité réelle et idéale, c'est-à-dire de mettre en accord le réfléchi et le réfléchissant. Or, cette tentative de mise en accord produira une exclusion. Penser l'infinité, c'est exclure cette infinité pour, ensuite, se la réapproprier comme sienne. C'est ce moment de l'exclusion, qui prendra la forme de la recherche du concept de fin, qui conduira au paragraphe 13 à l'affirmation du monde intelligible. Ce monde intelligible ne doit évidemment pas s'entendre comme monde en soi posé hors de nos représentations, mais bien comme l'une des conditions présupposées pour pouvoir dire ce que l'on dit, l'une des conditions requises pour pouvoir faire parvenir à l'identité du réfléchissant et du réfléchi.

Sur la base de cette analyse, on peut faire saillir très précisément l'identité et la différence entre la partie théorique de la *Grundlage* et ce début de la *WL Nova Methodo*. Identité tout d'abord en ce que dans les deux cas le moteur de la démonstration est bien l'identité requise entre le réfléchi et le réfléchissant, la congruence entre l'effectué et l'effectuation. Dans les deux cas ce qu'il s'agit d'éviter c'est la contradiction entre ce que l'on dit et ce qui est présupposé pour pouvoir le dire, dans les deux cas, donc, il s'agit d'une doctrine de la science. Néanmoins, la différence entre les deux *WL* n'en est pas moins thématisable puisque dans la partie théorique de la *Grundlage* il s'agissait de penser les conditions d'énonciation de la finitude, dans la *Nova Methodo* il s'agit de penser les conditions d'énonciation de ce qui est posé comme non-limité, comme infini à savoir le vouloir pur ou liberté.

En conclusion, l'hypothèse dont nous venons d'esquisser la démonstration, se laisse résumer de manière brutale : s'interroger sur les conditions d'énonciation de la finitude (ce qu'à mon sens fait Fichte en 1794) n'est assurément pas la même chose que s'interroger sur les conditions d'énonciation de l'infini (ce que fait Fichte en 1798) ni sur les conditions d'énonciation du savoir absolu (ce qu'à mon sens fait Fichte en 1804) ; c'est pourquoi ni les concepts déployés ni les résultats acquis ne peuvent être les mêmes, ni se donner comme simple répétition de ce qui a déjà été dit. Néanmoins, le trait commun à ces tentatives demeure bien l'interrogation sur les conditions d'énonciation c'est-à-dire la mise en lumière des présupposés requis pour pouvoir dire ce que l'on dit, soit ce que Fichte, jusqu'à la fin de sa vie, a nommé « la doctrine de la science ». Ce concept de « doctrine de la science », ainsi conçu, peut garder une certaine valeur heuristique aujourd'hui encore. En effet, on ne peut pas ne pas être frappé, comme l'a très bien remarqué K. O. Apel, par le nombre de doctrines qui, prétendant à la validité de ce qu'elles disent, rentrent dans des argumentations autoréfutantes, c'est-à-dire ne réalisent pas la congruence entre ce qui est dit et le fait de le dire. Pour n'en prendre que trois exemples : lorsque les positivistes logiques définissent la science comme ce qui est logique formellement (tautologie des propositions logique et mathématique) et vérifiable expérimentalement, n'est-on pas en droit de remarquer que cette proposition qui définit la science n'est pas elle-même scientifique puisqu'elle n'est ni l'expression d'une tautologie ni vérifiable expérimentalement? De même encore, lorsque des philosophes comme Rorty prétendent que les constructions scientifiques et philosophiques sont l'équivalent des constructions romanesques, ne pouvons nous pas les récuser en constatant que prétendre que science et fiction ont le même statut, c'est encore prétendre à la vérité de ce que l'on dit et donc mobiliser cela même que l'on prétend récuser ? Enfin, quand bien même, quelqu'un se refuserait à professer un scepticisme aussi radical que celui de Rorty, et définirait, par exemple avec K. Popper, la vérité comme seulement provisoire et révisable, ne serait-on pas encore en droit de se demander quel est le statut de cette définition (est-elle elle aussi révisable et provisoire) [27] ? En un mot, la question posée par Fichte demeure : Existe t-il des règles immanentes au discours qui prétend à la vérité ? Les propositions de ce type de discours ne doivent-elles pas s'appliquer à elles-mêmes, c'est-à-dire s'englober dans la définition de la science ou de la vérité qu'elles prétendent donner ? À un certain niveau épistémique, l'auto-application des propositions à elles-mêmes n'est-elle pas non seulement inévitable mais requise ? Balancés que nous sommes aujourd'hui entre un scientisme analytique et son contraire, qui paradoxalement en est le pur produit, à savoir le scepticisme radical, ne devons-nous pas rappeler ce que Kojève a appris de Hegel et Hegel de Fichte, à savoir :

> Est *philosophique* n'importe quelle science (et donc *toute* « science » ou si l'on veut *la* « Science ») qui parle non seulement de *ce dont* elle parle, mais encore du fait qu'elle en *parle* et que c'est *elle* qui en parle [28].

27. Sur ce point, voir K. O. Apel, « Le problème de l'évidence phénoménologique à la lumière d'une sémiotique transcendantale », in *Critique de la raison phénoménologique*, Paris, Cerf, 1991.

28. A. Kojève, *Essai d'une histoire raisonnée de la philosophie païenne*, tome I, Paris, Gallimard, 1968, p. 32.

Fichte, lecteur de Kant

Jean-Michel Buée

Au yeux de Fichte, la question de son rapport à Kant n'est au fond qu'une question secondaire : si la *Doctrine de la science* est réellement ce qu'elle prétend être, si elle est bien le développement systématique du principe dont la découverte par Kant est ce qui a permis à la pensée de se libérer de toute hétéronomie, c'est à partir d'elle-même, en fonction de sa cohérence propre, et non à partir des « propositions d'une [...] autre philosophie », qu'elle doit être jugée et expliquée. D'où l'insistance de Fichte sur le contresens qui consisterait à vouloir comprendre des ouvrages qui ne veulent ni « expliquer *Kant*, ni être expliqués » par lui, en fonction de concepts, kantiens ou anti-kantiens, dont ils visent l'éradication totale ; et, finalement, son souci de clore un débat dont l'intérêt lui paraît surtout historique, par la déclaration qu'entre Kant et lui, il y a à la fois accord complet pour ce qui est du fond, et indépendance totale pour ce qui est de la forme[1]. Reste qu'une telle déclaration ne pouvait qu'apparaître problématique, non seulement aux adversaires ou aux partisans du fichtéanisme, mais aussi – chose plus gênante – à Kant lui-même.

1. *Versuch einer neuen Darstellung der WL*, in *Gesamtausgabe der Bayerischen Akademie der Wissenschaften* (*GA*), Stuttgart, Frommann, III, 3, p. 183-185 ; trad. fr. I. Thomas-Fogiel, *Nouvelle présentation de la Doctrine de la science*, 1797-1798, Paris, Vrin, 1999, p. 95-96.

Aussi Fichte se résout-il, dans le paragraphe 6 de la seconde introduction à l'*Essai d'une nouvelle présentation de la Doctrine de la science*, après avoir rappelé qu'un tel débat « ne relève pas de la présentation de la *WL* mais uniquement de son histoire », à « saisir l'occasion qui s'offre » à lui de prouver ce qu'il avance[2].

Ce texte, dont le contexte tout à la fois polémique et apologétique rend délicate l'interprétation, engage sur la philosophie kantienne une discussion qui comporte deux plans distincts : d'une part, un plan proprement herméneutique, où il s'agit d'écarter l'objection que paraît constituer le concept de chose en soi. D'autre part, un plan plus spécifiquement philosophique, où il s'agit de prouver, positivement cette fois, que les deux discours procèdent bien de la même attitude fondamentale.

L'ensemble de la discussion repose sur une stratégie argumentative qui consiste à sans cesse alléguer l'existence d'un décalage entre l'esprit et la lettre du kantisme, pour y découvrir, là même où l'opposition à la *WL* semble patente, la trace d'un accord entre les deux philosophies. Nous voudrions essayer d'interroger ce dispositif paradoxal qu'est la mise à jour dans les textes de Kant d'un sens caché qui en contredit le sens littéral, en nous demandant à quoi renvoient et ce dispositif, et la contradiction qu'il permet de dévoiler; si celle-ci témoigne, à l'évidence, de la présence d'un résidu dogmatique au sein de l'idéalisme transcendantal, en quel sens faut-il entendre ce dogmatisme? Tient-il au contenu de la philosophie kantienne? Ou tient-il plutôt à la forme d'un discours qui serait ainsi accusé de ne pas avoir réellement réfléchi sur sa propre possibilité? Et si tel est le cas, que penser du reproche fichtéen? Doit-on accorder à la *WL* qu'elle est bien la seule façon de conférer au kantisme sa véritable cohérence? Ou doit-on opposer à Fichte qu'il aurait pu trouver chez Kant lui-même un concept de la philosophie qui témoigne de la capacité de celle-ci à surmonter une contradiction qui aurait été présentée, à tort, comme insurmontable?

2. *Ibid.*, p. 223-224; trad. fr., p. 134.

On s'attendrait à voir Fichte se réjouir de ce qu'il nomme « l'expansion rapide de la philosophie kantienne ». Or, il n'en est rien. Reprenant, pour en inverser le sens, les termes mêmes de Kant à propos de l'indifférentisme dans la préface à la première édition de la *Critique de la Raison pure*, une note de la première introduction de l'*Essai* voit en cette expansion « une preuve » non « de la profondeur mais de la légèreté » d'un siècle qui n'a toléré Kant « que parce qu'il était possible d'en faire un dogmatique »; ce qui revient à forger « le monstre le plus fantastique que la fantaisie humaine ait jamais produit » et par là à mettre fin à « toute spéculation sérieuse en se croyant « muni d'une lettre de majesté pour cultiver encore le populaire empirisme superficiel »[3] – la seconde introduction parlera, elle, d'un dogmatisme incurable, totalement absurde « qui restera [...] la honte de notre siècle, et dont le succès ne s'expliquera un jour que par la supposition d'une "épidémie intellectuelle" »[4]. Cette polémique peu amène vise ceux que Fichte qualifie de « kantiens orthodoxes »[5], même si elle concerne aussi, indirectement, ceux qui, tels Jacobi, Schulze ou Reinhold, ont cru découvrir chez Kant une contradiction fondamentale due à la coexistence d'un point de vue dogmatique et d'un point de vue idéaliste; et elle conduit Fichte à soulever la question de savoir si l'on peut réellement attribuer à Kant la thèse selon laquelle il existe hors de nous une chose en soi, indépendante de notre pensée, qui constitue le fondement objectif du divers de l'intuition. La seconde introduction de l'*Essai* – qui développe ici les indications succintes de la *Grundlage* sur le sens du réalisme kantien[6] – répond catégoriquement par la négative : même si tous

3. *Ibid.*, p. 191; trad. fr., p. 105.

4. *Ibid.*, p. 238; trad. fr., p. 144.

5. Fichte parle exactement d'« adeptes de stricte observance du kantisme », *cf.* Lettre à Schelling du 19 novembre 1799, in *GA*, III, 4, p. 158; trad. fr. M. Bienenstock, *Correspondance*, Paris, P.U.F., 1991, p. 64.

6. *Grundlage der gesammten WL*, in *GA*, I, 2, p. 335-336, trad. fr. A. Philonenko, *Les Principes de la doctrine de la science*, in *Œuvres choisies de philosophie première* (*OCPP*), Paris, Vrin, 1972, p. 81-82.

les kantiens – à l'exception de Maïmon[7] et de Beck – ont attribué cette absurdité à Kant, il est impossible d'admettre ce qu'ils voudraient nous faire admettre. Et ce, pour au moins trois raisons : d'abord parce que Kant, lorsqu'il parle d'une chose en soi, entend par là, « comme l'attestent de nombreux passages de son œuvre », un « simple noumène », autrement dit un être qui est un être pour nous, « *pour notre pensée* », et que celle-ci n'a fait qu'ajouter au phénomène[8]. Ensuite, parce que les rares textes qui semblent professer le dogmatisme – par exemple le début de l'introduction de la première Critique – révèlent, quand on les lit « sans préjugé » une signification diamétralement opposée : sans doute Kant parle-t-il d'un objet donné qui affecte nos sens, mais il veut dire par là que l'objet affecte, dans la mesure où « *il est [...] pensé comme affectant* », autrement dit, que nous nous pensons nous-mêmes comme susceptibles d'être affectés, que nous nous attribuons, dans cette pensée qui est nôtre, la sensibilité ou l'affectivité[9]. Enfin parce que la contradiction que l'on impute à Kant n'est en réalité qu'une contradiction de ses interprètes : ce sont eux, et non Kant, qui font un usage transcendant de la catégorie de causalité, et qui l'appliquent à la chose en soi, en oubliant que la *Critique* restreint cette application au champ des phénomènes – argument que Fichte, curieusement, appuie d'une référence à Jacobi, autrement dit à l'auteur qui avait, le premier, dénoncé, en cette limitation de l'usage de la causalité, une incohérence manifeste de Kant[10].

Quoiqu'il en soit, la conclusion fichtéenne est sans ambiguïté : Kant a certes parlé d'une chose en soi; mais cela ne signifie nullement qu'il aurait soutenu une thèse dogmatique, qui verrait

7. Sur Maïmon, *cf.* par ex. la lettre à Reinhold du 7 janvier 1795, in *GA*, III, 2, p. 275.

8. *GA*, III, 3, p. 236; trad. fr., p. 143.

9. *Ibid.*, p. 240-241; trad. fr., p. 146-147.

10. *Ibid.*, p. 235-236; trad. fr., p. 142-143. Pour l'interprétation de Jacobi, *cf. Werke*, zweite Band, réimpression anastatique, Darmstadt, 1980, p. 303 *sq.*; trad. fr. L. Guillermit, *David Hume et la croyance, idéalisme et réalisme, Appendice sur l'idéalisme transcendantal*, Paris, Vrin, 2000, p. 246 *sq.*

en la représentation l'effet d'une action des choses sur le moi, ou – pire encore – dans le moi un simple produit des choses. L'exégèse des textes doit ici suffire à dissiper un contresens qui, en dernière analyse, n'est dû qu'à une lecture superficielle : Fichte, qui se souvient manifestement de ce que dit Kant à la fin de la seconde préface de la *Critique de la Raison pure*, explique en effet que les interprètes ont fait comme si la *Critique* était l'œuvre d'un « hasard singulier » et non « celle d'un esprit », en séparant et en traitant isolément ce qui ne prend sens qu'en fonction du tout; aussi une véritable attention à « l'idée du tout »[11] doit-elle permettre d'établir qu'en réalité Kant est demeuré fidèle à l'idéalisme transcendantal dont la révolution copernicienne lui a permis d'énoncer le principe : chez lui, c'est bien toujours et partout, l'objet qui « est posé et déterminé par la faculté de connaître », et non l'inverse[12]; ou, pour le dire dans le langage qui sera, en 1806, celui des *Dialogues patriotiques*, pour Kant, l'Etre n'est qu'une « ombre vide et sans consistance », un pur fantôme, que la philosophie doit « mettre en pièces » et éliminer, si elle veut libérer l'humanité pensante d'une illusion qui lui a fait prendre pour « la réalité suprême » ce qui n'était qu'un « néant absolu »[13].

Impossible, en ce sens, de reprocher à Kant de s'être mépris sur le rôle de la philosophie. Lorsqu'il déclare que celle-ci doit répondre à la question de savoir « comment des jugements synthétiques *a priori* sont possibles ? », il ne dit rien d'autre que ce que dit la *WL* elle-même[14]; au-delà de la divergence des formulations, il s'agit, dans les deux cas, d'assigner une même tâche au philosophe : « dégager le fondement de toute expérience » – ce qui, note Fichte au passage, prouve d'ailleurs que, contrairement à

11. *Ibid.*, p. 239; trad. fr., p. 145-146.

12. *Ibid.*, p. 184-185; trad. fr., p. 96.

13. *Der Patriotismus und sein Gegentheil*, in *GA*, II. 9, p. 427; trad. fr. A. Renaut, *Dialogues patriotiques in Machiavel et autres écrits philosophiques et politiques de 1806-1807*, Paris, Payot, 1981, p. 121.

14. *Wissenschaftslehre nova methodo* (*WLNM*), Hambourg, Meiner, 1982, p. 5; trad. fr. I. Thomas-Fogiel, *Doctrine de la science nova methodo*, Paris, Le livre de poche, 2000, p. 64. *Cf.* aussi *WLNM*, p. 11; trad. fr., p. 71.

ce qu'ont prétendu ses interprètes, Kant savait très bien que la philosophie doit dépasser l'expérience – ou, pour le dire plus précisément, mettre à jour le « fondement du système des représentations, tant intérieures qu'extérieures, accompagnées du sentiment de nécessité »[15], ou encore expliquer comment le sujet en vient « à attribuer une validité objective à ce qui n'est que subjectif »[16].

En découle-t-il toutefois que la réponse kantienne serait pleinement satisfaisante? Cette réponse ne révèle-t-elle pas au contraire, dans l'entreprise critique, l'existence d'une faille qui tiendrait à ce que les *Dialogues patriotiques* nomment son manque de radicalité[17] autrement dit au fait que, tout en cherchant à éliminer le dogmatisme, Kant ne l'aurait pas « poursuivi dans ses derniers retranchements »[18]? Le paragraphe 6 de la seconde introduction de l'*Essai* se contente sur ce point d'une brève allusion, puisqu'il se borne à remarquer que Kant n'a pas « *démontré* » que les catégories [...] étaient les conditions de la conscience de soi, mais s'est contenté de l'affirmer » et qu'il n'a pas non plus « déduits en tant que conditions » « l'espace et le temps » ainsi que « ce qui en est *inséparable* et les remplit dans la conscience originaire »[19]; pourtant, on aurait tort de voir là un défaut purement accidentel. Comme le montrent d'autres textes qui précisent le sens de ce grief, il s'agit au contraire pour Fichte d'une lacune centrale, ou plutôt, de *la* lacune centrale du kantisme, qui révèle en lui une contradiction, différente de celle qu'avait cru y percevoir Jacobi, mais tout aussi fondamentale. Le texte qui aborde le plus clairement la question est sans doute le passage de la première introduction de l'*Essai* qui distingue « deux façons » de mettre en œuvre « l'idéalisme transcendantal ». À une démarche génétique

15. *GA*, III, 3, p. 186-188; trad. fr., p. 100-101. *Cf.* aussi *WLNM*, p. 13-14; trad. fr., p. 74.

16. *Ibid.*, p. 211; trad. fr., p. 123. *Cf.* aussi *WLNM*, p. 4; trad. fr., p. 62.

17. *GA*, II, 9, p. 427; trad. fr., p. 121.

18. *GA*, III, 3, p. 202; trad. fr., p. 115.

19. *Ibid.*, p. 230; trad. fr., p. 139-140.

« qui déduit, à partir des lois fondamentales de l'intelligence, le système de (ses) modes d'agir nécessaires, en même temps que les représentations objectives qui surgissent effectivement avec celui-ci », Fichte oppose une démarche qui se contente, elle, de trouver ces lois sans les déduire et qui les considère comme un simple donné de fait que l'on peut saisir « en la façon dont elles sont déjà immédiatement appliquées aux objets ». Ce type d'idéalisme, dit l'*Essai*, se heurte au moins à deux difficultés : d'une part, comment établir que ces lois, obtenues à partir de la seule expérience, en faisant abstraction des objets auxquelles elles s'appliquent, sont bien « les lois immanentes de la pensée, et non comme le prétendent les dogmatiques « des propriétés générales des choses, fondées dans l'essence de celles-ci »? D'autre part, à supposer même que l'on accorde ce point, au « philosophe critique », comment peut-il le prouver? N'est-il pas contraint de simplement « assurer qu'il en est bien ainsi », sans pouvoir expliquer d'où lui vient un savoir qui apparaît dès lors comme un mystère impénétrable? Autrement dit, à vouloir en rester au fait, sous le prétexte fallacieux qu'au-delà il n'y aurait plus « aucun sol », on aboutit, en réalité, à un « idéalisme indémontré et indémontrable », à « un demi-criticisme » qui « parce qu'il n'a d'autre arme contre le dogmatisme que l'affirmation qu'il a raison », loin de détruire celui-ci, lui ouvre au contraire toutes grandes les portes[20].

Le ton de cette polémique, le fait que le nom de Kant n'y soit pas prononcé, pourrait laisser penser que Fichte vise, là encore, les « kantiens orthodoxes » plus que Kant lui-même, s'il n'y avait dans la première introduction de la *WL Nova Methodo* un passage qui reprend les mêmes objections en s'en prenant, explicitement cette fois, à l'auteur de la *Critique de la Raison pure :* « chez Kant, l'agir entier de l'esprit humain, ainsi que les lois de cet agir, ne sont pas établis systématiquement mais seulement tirés de l'expérience. C'est pourquoi on ne peut être certain : a) d'avoir épuisé les lois de l'agir nécessaire, car Kant ne les démontre pas, b) d'avoir déterminé l'étendue de leur validité ». Ce à quoi Fichte ajoute quelques lignes plus loin : « La philosophie kantienne n'est

20. *Ibid.*, p. 201-203; trad. fr., p. 114-115.

[…] démontrée que par induction et non par déduction. Elle affirme que si l'on admettait telles ou telles lois, alors on pourrait expliquer la conscience ; c'est pourquoi elle ne vaut qu'à titre d'hypothèse. […]. Chez Kant, les lois de la pensée humaine ne sont pas déduites de manière rigoureusement scientifique […] car ce système ne repose que sur l'expérience »[21].

Ce reproche, en outre, ne vaut pas uniquement pour la *Critique de la Raison pure,* même si le statut des structures *a priori* de la sensibilité ou des catégories de l'entendement, conçues comme des faits dont il est vain de chercher la raison ultime, y rend visible, plus qu'ailleurs, l'empirisme que dénonce Fichte. La seconde Critique, dont on sait qu'elle envisage la loi morale comme un fait de la raison n'échappe pas, elle non plus, au reproche fichtéen. Ainsi le paragraphe 5 de la *Grundlage* déclare-t-il, en faisant manifestement allusion à Kant, que « jusqu'à présent », on s'est contenté de « postuler » un pouvoir pratique de la raison, sans véritablement en démontrer l'existence[22]. Situation dont il faut chercher l'origine, précise la seconde introduction de l'*Essai,* dans le fait que Kant, uniquement préoccupé par le contenu de l'impératif catégorique, a « oublié » de s'interroger sur « le mode de sa conscience »[23] ; et dont les conséquences, comparables en cela à celles que produit l'empirisme sur le plan théorique, ne sont rien moins, à en croire le *Système de l'éthique*, qu'un risque d'anéantissement de la raison : la non-déduction de la loi, en donnant à celle-ci « l'apparence d'une propriété cachée » ou d'une « qualité occulte » la rend en effet « propice à toutes sortes de rêveries », même si Fichte précise aussitôt qu'on ne saurait tenir Kant pour responsable d'avoir « fourni *positivement* le prétexte » de quelque dérive irrationaliste[24]. Quant à la troisième Critique, dont Fichte souligne qu'elle représente un progrès par

21. *WLNM*, p. 5-7 ; trad. fr., p. 64-66.

22. *GA*, I, 2, p. 399 ; trad. fr. *OCPP*, p. 134-135.

23. *GA*, III, 3, p. 225 ; trad. fr., p. 135.

24. *Das System der Sittenlehre nach den Principien der WL*, in *GA*, I, 5, p. 62 ; trad. fr. P. Naulin, *Le système de l'éthique selon les principes de la doctrine de la science*, Paris, P.U.F., 1986, p. 52.

rapport aux conceptions antérieures[25], elle reste pourtant, elle aussi, dépendante d'un empirisme dont l'ensemble du penser kantien porte la marque : sans doute, déclare la *WL* de 1804, la *Critique du jugement* est-elle « le plus haut sommet de la spéculation kantienne », puisque celle-ci y réfléchit sur sa propre unité en s'interrogeant sur la « racine commune » qui lie monde sensible et monde suprasensible. Mais cette unité originaire, comment la conçoit-elle ? Comme un fond, « inconnaissable » et « totalement insondable »; ce qui renvoie, là encore, à l'idée vide qu'il faut « s'arrêter quelque part » parce qu'« on ne peut pas aller plus loin », et confirme simplement l'impuissance du discours kantien à passer de « l'évidence factice » qu'il ne cesse d'alléguer à un « savoir génétique » capable de démontrer ses propres énoncés[26].

On le voit, ce que Fichte entend mettre en cause, ce n'est pas le contenu d'une philosophie dont il souligne au contraire qu'en exprimant la subordination de l'objet au sujet, de l'être à l'agir, du fait au faire, il s'accorde parfaitement avec le principe transcendantal qui en est le fondement; mais plutôt le fait que ce contenu soit pensé en un discours dont la forme – ou la méthode – procède d'une véritable inversion du principe idéaliste : lorsqu'il conçoit comme des faits les structures de la conscience, la loi morale, ou encore l'unité dernière d'où sont censés dériver le monde phénoménal et le monde nouménal, Kant saisit le sujet comme un objet, le faire comme un fait, l'agir comme un être, en réintroduisant par là même au cœur de la raison dont il affirme l'autonomie, le principe d'une dépendance vis-à-vis de l'expérience dont elle est précisément censée se libérer. Si, sur le plan du contenu, la philosophie critique est bien un idéalisme transcendantal, sur le plan de la forme, elle n'est qu'un « *empirisme de la raison* »[27] qui révèle, par cette contradiction entre son contenu et

25. *Cf. GA*, III, 3, p. 224; trad. fr., p. 134, ainsi que *WLNM*, p. 150; trad. fr., p. 229.

26. *Die Wissenschaftslehre 1804*, in *GA*, II, 8, p. 27-46; trad. fr. D. Julia, *La théorie de la science, exposé de 1804*, Paris, Aubier, 1967, p. 35-44.

27. B. Bourgeois, *L'idéalisme de Fichte*, Paris, P.U.F., 1968, p. 36 (2ᵉ éd. Paris, Vrin, 1995).

sa forme « l'inachèvement »[28] d'une entreprise dont Kant a bien énoncé le principe, mais sans en produire la réalisation adéquate.

Faut-il en conclure dès lors, comme inciterait à le faire le passage de la première introduction de l'*Essai* que nous citions plus haut, que la philosophie de Kant ne serait finalement rien d'autre qu'une construction arbitraire ? Pour Fichte, il y a manifestement contradiction entre la forme et le contenu du philosopher kantien ; ou pour le dire autrement, il y a un paradoxe évident dans cette philosophie transcendantale qui s'interroge sur les conditions de possibilité de tout discours, sans pouvoir rendre raison de sa propre possibilité. Mais suffit-il pour expliquer ce paradoxe d'invoquer une naïveté, une absence de réflexion, ou encore un manque de sincérité de Kant ? Le paragraphe 17 de la *Nova Methodo*, qui écarte cette dernière accusation en soulignant que Kant « était un homme honnête », avance une tout autre explication : chez Kant, la pratique du philosopher contredit les thèses de sa philosophie, et, en ce sens, il faut affirmer que Kant ne fait pas ce qu'il dit, pas plus qu'il ne dit ce qu'il fait, mais quel est le statut d'une telle contradiction ? S'agit-il d'une contradiction involontaire ? Ou d'une contradiction volontaire ? Autrement dit d'une contradiction qui viendrait de ce que Kant, tout en sachant très bien ce qu'il faisait, aurait voulu garder secrets la véritable signification ou le véritable fondement de sa philosophie ? Ou, pour reprendre le texte de Fichte, d'une contradiction qui tiendrait à ce qu'il se serait refusé à diffuser le tout de sa pensée, par peur d'avoir à affronter des soupçons que la trop grande transparence de son discours aurait rendu inévitables[29] ?

On pourrait sans doute voir en ce thème un thème marginal, s'il ne revenait sans cesse sous la plume de Fichte. Ainsi la *Grundlage* précise-t-elle dans une note que « Kant *savait* fort bien ce qu'il *n'a pas dit* », avant de remarquer dans une autre note, à propos de l'impératif catégorique : « S'il est un passage où il est bien clair que Kant a posé comme fondements de sa démarche critique, mais

28. *WLNM*, p. 150-151 ; trad. fr., p. 229-230.

29. *Ibid.*, p. 198 ; trad. fr., p. 283.

seulement de façon implicite, les prémisses qu'établit la *Doctrine de la science*, c'est bien celui-ci »[30]. De même le paragraphe 6 de la seconde introduction de l'*Essai* affirme que Kant, qui « n'a pas *établi* » de système, a cependant « *pensé* à un tel système » ; et il poursuit en suggérant que cette absence renvoie, non à un manque de clarté, mais plutôt à un refus délibéré de la part de Kant d'exposer clairement tout ce qu'il savait[31]. Enfin, la *WL* de 1804 semble tirer de là une sorte de règle de lecture des textes : si « tous les kantiens sans exception », dit Fichte, n'ont rien compris à Kant, cela vient de ce qu'ils ont cherché à « coller » à la lettre d'un texte « souvent claire comme le ciel », mais aussi « souvent, et en des points importants très maladroite » ; aussi faut-il, pour comprendre Kant, « s'élever de ce qu'il dit réellement à ce qu'il ne dit pas, mais qu'il devait présupposer pour pouvoir dire ce qu'il a dit »[32].

Peut-être l'hypothèse fichtéenne n'est-elle qu'un subterfuge, une « échappatoire », comme dit C. Cesa, dans son *Introduzione a Fichte*[33] destinée à éviter une confrontation trop brutale avec la philosophe critique. Mais force est cependant de constater que Fichte a tenté de prouver le bien-fondé de ce qu'il avance. Ainsi le paragraphe 6 de la seconde introduction de l'*Essai* s'interroge-t-il longuement sur la conception kantienne du moi, en tentant d'en mettre à jour l'ambiguïté et de découvrir en cette ambiguïté la trace d'un « kantisme implicite » dont l'esprit posséderait la profondeur qui semble faire défaut à sa lettre. D'un côté, dit Fichte, la conception kantienne s'accorde parfaitement, malgré les apparences, avec celle de la doctrine de la science : sans doute Kant s'est-il toujours refusé à admettre l'existence d'une intuition intellectuelle, puisque pour lui il n'est d'autre intuition que l'intuition sensible ; mais n'admet-il pas implicitement ce qu'il récuse explicitement ? Ou du moins n'est-il pas obligé, dès lors qu'il admet la possibilité pour le moi fini de se saisir comme un agir infini, de présupposer une intuition intellectuelle ? Sinon, comment

30. *GA*, I, 2, p. 335 et 396 ; trad. fr., *OCPP*, p. 82 et 132.

31. *GA*, III, 3, p. 230-231, trad. fr. p. 139-140.

32. *GA*, II, 8, p. 27 ; trad. fr., p. 34.

33. C. Cesa, *Introduzione a Fichte*, Rome-Bari, Laterza, 1998, p. 46.

comprendre que la conscience de la loi morale soit « une conscience immédiate, mais non sensible »? Ou encore que le « je pense » soit désigné comme un moi pur, une pure conscience de soi, qui est la condition de possibilité de toute conscience[34]? C'est pourquoi, conclut Fichte, Kant n'est pas seulement celui qui a conçu « le concept de moi *pur* tel que l'établit la *Doctrine de la science* »; il est aussi celui qui, le premier, a donné « l'idée d'une telle science » en voyant en ce moi pur le seul fondement, ou le seul point de départ possible de la « déduction systématique de l'ensemble de la conscience » qu'elle a pour tâche d'opérer[35].

Mais en même temps, cette « idée » reste une idée implicite : comme le remarque le paragraphe 1 de la *Grundlage,* même s'il a conçu le moi pur comme le principe absolu de la philosophie, Kant ne l'a jamais « établi *comme principe* »[36]. Aussi le « je pense » qui, chez lui, doit seulement « pouvoir accompagner toutes nos représentations », n'est-il que la « condition » du divers, une condition qui « ordonne » celui-ci, mais qui ne peut jamais « l'engendrer », du fait de son incapacité à réellement le « déterminer »[37]. D'où l'empirisme de la raison auquel est acculée la philosophie kantienne : faute d'être déduites, les structures de la conscience demeurent un pur donné de fait, tandis que le contenu qui les remplit, dont l'existence est, elle aussi, indéductible à partir du moi, est référé à un donné extérieur, qui est censé en être l'origine[38].

En découvrant sous la lettre empiriste du discours kantien la présence d'un esprit authentiquement idéaliste, Fichte peut ainsi à la fois, affirmer qu'il y a un accord de fond entre la philosophie de Kant et la sienne, et expliquer le désaccord apparent des deux doctrines par le fait que le transcendantalisme kantien est un transcendantalisme implicite ou incomplet, dont les fondements ne se montrent qu'à une autre pensée, qui ne réussirait jamais à les

34. *GA*, III, 3, p. 224-229; trad. fr., p. 134-138.

35. *Ibid.*, p. 229; trad. fr., p. 138-139.

36. *GA*, I, 2, p. 262; trad. fr., *OCPP*, p. 23.

37. *GA*, III, 3, p. 229-230; trad. fr., p. 139, ainsi que *WLNM*, p. 124; trad. fr. p. 201.

38. *Ibid.*, p. 241; trad. fr., p. 147.

y découvrir si elle ne les avait déjà thématisés pour elle-même en surmontant la cécité, volontaire ou involontaire, qui a empêché Kant d'apercevoir en ce qu'il désigne pourtant comme le fond même du discours, les fondements de son propre philosopher.

On le voit, la critique fichtéenne se ramène finalement à un seul et même grief : tout en concevant, sans véritablement la thématiser, l'idée d'un système de l'idéalisme transcendantal, Kant ne lui a jamais donné, ne serait-ce qu'un début de réalisation effective. Aussi la première introduction de la *Nova Methodo* déclare-t-elle qu'il n'y a chez lui aucun système : « Kant [...] s'est contenté d'écrire des *Critiques*, c'est-à-dire de procéder à des recherches préliminaires sur la philosophie »[39], recherches qui ne sont au mieux que les « fragments » ou les « résultats »[40] d'un système virtuel, et que seule une « grave méprise »[41] pourrait nous faire prendre pour un système réel. En ce sens, Fichte se comprend comme celui qui mène à bien la tâche que Kant n'avait fait qu'inaugurer; il est celui qui, en produisant le système achevé de l'idéalisme critique, réconcilie l'esprit et la lettre du kantisme, en donnant à cet esprit systématique, la lettre, tout aussi systématique, qui lui faisait encore défaut[42]. Reste toutefois que cette revendication ne signifie nullement que la *Doctrine de la science* serait à comprendre comme une sorte de redite ou de répétition du kantisme. C'est précisément pour dissiper un tel malentendu que Fichte, tout en marquant la continuité qui lie sa pensée à celle de Kant, ne cesse de souligner en même temps que le discours kantien est, en tant que tel, un discours inintelligible et qui le serait resté si la *Doctrine de la science* n'était venue en dévoiler la véritable signification : « *Kant* est resté un livre fermé »[43] auquel personne, déclare Fichte en s'incluant lui-même dans son énoncé, n'a jamais

39. *WLNM*, p. 5; trad. fr., p. 63.

40. *GA*, III, 3, p. 230; trad. fr., p. 140.

41. *WLNM*, p. 5; trad. fr., p. 64.

42. *Cf.* sur ce point B. Bourgeois, *L'idéalisme allemand, alternatives et progrès*, Paris, Vrin, 2000, p. 101.

43. *GA*, III, 3, p. 184; trad. fr., p. 96.

rien compris, au point, ajoute-t-il, que je n'ai pu moi-même y découvrir quelque cohérence – « un sens juste et en accord avec lui-même » comme dit le texte – « qu'après avoir découvert, par (ma) propre voie, la *Doctrine de la science* »[44]. Affirmation que les *Dialogues patriotiques* vont reprendre, sous une forme quelque peu provocatrice, en proclamant que « pénétrer le principe du kantisme et en faire l'instrument de la vérité et de la clarté pures, c'est là ce qui n'a été donné, parmi les vivants, qu'à l'auteur de la *Doctrine de la science* »[45].

Il ne s'agit nullement, par ces déclarations, de nier qu'il y ait bien une influence historique de Kant sur l'élaboration de la *WL*; mais plutôt de comprendre – conformément au principe de l'idéalisme transcendantal – cette genèse réelle en fonction de la genèse idéale – purement immanente – par laquelle le système fichtéen entend rendre raison de lui-même, à partir de lui-même. En ce sens, ce n'est jamais, pour Fichte, Kant qui rend possible la *WL*; mais toujours la *WL* qui rend possible la lecture et la compréhension de l'œuvre kantienne, qui, prise pour elle-même, demeure rigoureusement inintelligible. Ou, si l'on préfère, c'est parce qu'elle déduit, en son développement immanent, le sens authentique du kantisme que la *WL* peut le découvrir dans les textes kantiens; ou encore, qu'elle peut y redresser des thèses dont le contenu reste marqué par la déficience formelle du discours qui les énonce (ainsi en va-t-il par exemple, sur le plan de la philosophie théorique, pour la conception du rôle de l'imagination transcendantale[46], ou, sur le plan de la philosophie pratique, pour le formalisme vide de la loi morale[47], ou encore pour l'autonomie

44. *Ibid.*, p. 223; trad. fr., p. 133-134.

45. *GA*, II, 9, p. 422; trad. fr., p. 117.

46. *GA*, I, 2, p. 359 *sq.*; trad. fr. *OCPP*, p. 100 *sq.* et *Grundriss des Eigenthümlichen der Wissenschaftslehre in Rücksicht auf das theoretische Vermögen*, in *GA*, I, 3, p. 188 *sq.*; trad. fr. A. Philonenko, *Précis de ce qui est propre à la doctrine de la science au point de vue de la faculté théorique*, in *OCPP*, p. 222 *sq.*

47. *GA*, I, 5, p. 126; trad. fr., p. 126.

insuffisante que Kant reconnaît au droit vis-à-vis de la morale[48]). Au fond, Fichte ne fait que reproduire, à propos de Kant, le geste fondamental par lequel sa pensée rend compte de son propre rapport à l'altérité : la philosophie fichtéenne se sait influencée – déterminée – par celle de Kant ; mais elle ne l'est que parce qu'elle *se pose* comme déterminée par elle ; et elle ne peut se poser comme telle, que parce qu'elle se pose elle-même comme ce qui *détermine* le kantisme ; autrement dit, comme le discours qui, en en transformant la lettre, sans pouvoir cependant en extirper le résidu empiriste, réussit à en produire le sens authentique, qui y était certes présent, mais en demeurant, tel un non-moi, incompréhensible pour lui-même.

D'un point de vue fichtéen, il conviendrait sans doute de s'interroger sur cette prétention à la systématicité de la *WL;* en se demandant, par exemple, où elle se réalise – est-ce dans la *Grundlage,* dans la *Nova Methodo*, dans d'autres exposés – et surtout si elle se réalise réellement – n'y a-t-il pas chez Fichte, un hiatus, impossible à refermer, qui empêcherait le système d'être réellement systématique[49] ? Mais, peut-être doit-on aussi revenir de ce plan de la genèse idéale du fichtéanisme à celui de sa genèse réelle, historique, dont Fichte, sans en nier l'existence, tend à minimiser quelque peu l'importance, et se demander si le reproche qu'il adresse à Kant est véritablement fondé.

Ce reproche, on l'a vu, se ramène à l'idée – déjà présente dans l'*Énésidème* de Schulze[50], même si l'intention de celui-ci est inverse de celle de Fichte – que le discours kantien ne peut rendre raison de sa propre possibilité ; ou, si l'on préfère, qu'il est impossible de découvrir dans le contenu qu'il énonce ce qui permettrait de

48. *Grundlage des Naturrechts nach Principien der WL*, in *GA*, I, 3, p. 320-321 ; trad. fr. A. Renaut, *Fondements du droit naturel selon les principes de la doctrine de la science*, Paris, P.U.F., 1984, p. 25-26 ainsi que *GA*, I, 3, p. 380 ; trad. fr., p. 95-96.

49. *Cf.* sur ce point B. Bourgeois, *L'idéalisme allemand…*, *op. cit.*, p. 23-24 et 103.

50. *Cf.* par ex. la lettre à Stéphani de décembre 1793, in *GA*, III, 2, p. 34.

rendre raison de cette énonciation[51]. Ce qui revient finalement à reprocher à Kant d'avoir développé une théorie de la connaissance incapable de rendre compte de la possibilité de sa propre formulation. Or, cette thèse n'est-elle pas la thèse même de Kant qui, comme on le sait, affirme dans la *Critique de la Raison pure*, que le fondement de la connaissance, autrement dit le « je pense », est lui-même inconnaissable[52] ? D'où un paradoxe que nous voudrions, pour conclure, essayer d'interroger : comment ce qui est pour Kant un point de doctrine fondamental peut-il être une objection aux yeux de Fichte ? Cette différence de statut n'indique-t-elle pas – quoiqu'en dise Fichte – une différence radicale d'intention entre les deux discours, et surtout ne montre-t-elle pas que cette différence aurait échappé à Fichte ? Sans entrer dans le détail des textes, peut-être peut-on rappeler que l'affirmation du caractère inconnaissable du fondement de la connaissance ne renvoie pas seulement chez Kant à la finitude du connaître. En ce « je pense » indéterminé – d'où son caractère inconnaissable – où la connaissance théorique peut apercevoir ses propres limites, se révèle aussi la présence en l'être fini de la liberté infinie qui en est le fond. Ce qui amène Kant, à la fin de la première *Critique*, à substituer à l'autocompréhension théorique de la raison – irréductible en ce sens à l'expression de « l'absence de conviction » que veut y lire Fichte[53] – une autocompréhension pratique à partir de laquelle la philosophie se conçoit, non comme un savoir qui prétend connaître le fond de ce qui est, mais comme une activité humaine qui vise à garantir à l'être raisonnable et fini la possibilité de s'orienter dans le monde (c'est ce qu'indique notamment la distinction entre le *Schulbegriff* et le *Weltbegriff der Philosophie* à la fin

51. *Cf.* sur ce point l'Introduction d'I. Thomas-Fogiel à la *Nouvelle présentation de la doctrine de la science*, p. 22 *sq.*, ainsi que sa Présentation des *Méditations personnelles sur la philosophie élémentaire*, Paris, Vrin, 1999, p. 22 *sq.*

52. *Cf.* par ex. *Kritik der reinen Venunft* (*KrV*), Stuttgart, Reclam, 1966, p. 196 *sq.* ; trad. fr. A. Renaut, *Critique de la Raison pure*, Paris, Aubier, 1997, p. 213 *sq.*

53. *GA*, III, 3, p. 264 ; trad. fr., p. 165.

de la *Critique de la Raison pure*)[54]. En ce sens, on pourrait répondre à Fichte qu'il y a bien chez Kant une réflexion sur soi du philosopher qui découvre, en dernière analyse, dans la postulation pratique d'un tout un et structuré, ce qui lui permet de se comprendre. Ou, pour le dire autrement, on pourrait objecter à Fichte qu'il aurait pu trouver dans la doctrine des postulats de la raison pratique une réponse à la question à laquelle il prétend que Kant est incapable de répondre. Reste qu'une telle réponse lui serait sans doute apparue – c'est en tout cas ce que suggèrent les remarques sur les postulats de la raison pratique du paragraphe 13 de la *Nova Methodo*[55] – comme un pur et simple subterfuge. Ou pour dire la même chose dans un autre langage, sans doute Fichte aurait-il regretté que l'unité du pratique et du théorique ne soit chez Kant qu'une unité pratique, qui se borne à postuler un devoir être de la raison, sans même s'interroger sur les conditions de sa réalisation possible[56]. Mais si l'argument peut valoir pour les deux premières Critiques, en va-t-il de même pour la troisième? Fichte, dont on sait que dans un manuscrit de jeunesse il avait cherché dans la *Critique du jugement* une réponse à la question de l'unité du penser kantien[57], finit par déclarer que pour Kant « il n'y a aucun pont entre le monde sensible et le monde intelligible »[58]. Mais cette thèse est-elle correcte? Ne peut-on soutenir, au contraire, qu'au terme d'une compréhension de ces « faits de sens » que sont le beau, le sublime, ou le vivant, Kant opère une « seconde révolution copernicienne » qui l'amène à découvrir dans la pensée du sens existant, à laquelle aboutit la réflexion sur soi du discours de l'être agissant, ce qui permet à celui-ci de comprendre le fait de sa propre existence[59]? Si cette interprétation était justifiée, que faudrait-il en conclure en ce qui concerne la lecture fichtéenne du

54. *KrV*, p. 844-845, trad. fr. p. 678.

55. *WLNM*, p. 146; trad. fr., p. 225.

56. *Cf.* sur ce point B. Bourgeois, *L'idéalisme allemand…*, *op. cit.*, p. 256 *sq.*

57. *Versuch eines erklärenden Auszugs aus Kants Kritik der Urteilskraft*, in *GA*, II, 1, p. 325 *sq.*

58. *WLNM*, p. 124; trad. fr., p. 201.

59. É. Weil, *Problèmes kantiens*, Paris, Vrin, 1970, p. 80 *sq.*

kantisme ? Ne faudrait-il pas dire que celle-ci cherche à enfermer Kant dans un cadre – celui de la philosophie transcendantale telle que la définit l'Introduction à la *Critique de la raison pure*[60] – dont il a tenté au contraire de se libérer, en concevant la philosophie comme une activité humaine, issue de la volonté de raison et d'universalité de l'être fini, et à laquelle celle-ci suffit à conférer sa justification ? Et qu'en ce sens, il n'est peut-être pas légitime d'exiger de la philosophie – conçue sur un modèle que l'on pourrait qualifier de « métamathématique »[61] – qu'elle exhibe le fondement irrécusable qui garantirait la vérité absolue de ses propres énoncés ?

60. *KrV*, p. 74 ; trad. fr., p. 110-111.

61. Sur le recours fichtéen aux mathématiques comme signe de l'universalité et de la nécessité du savoir *cf.* par ex. *Darstellung der Wissenschaftslehre 1801-1802*, in *GA*, II, 6, p. 135-138 ; trad. fr. A. Philonenko, *Doctrine de la science 1801-1802*, Paris, Vrin, 1987, p. 32-34, ainsi que *Ueber den Begriff der WL oder der sogenannten Philosophie*, in *GA*, I, 2, p. 145 ; trad. fr. L. Ferry, A. Renaut, *Sur le concept de la doctrine de la science ou de ce que l'on appelle philosophie*, in *Essais philosophiques choisis*, Paris, Vrin, 1984, p. 63-64, ou encore *GA*, III, 3, p. 205-206 ; trad. fr., p. 117.

L'unité originairement synthétique de l'aperception chez Kant, Reinhold, Maïmon, Schulze et Fichte

Martin BONDELI

À la fin du paragraphe 1 de l'*Assise de toute la Doctrine de la Science*, Fichte affirme au sujet de son premier principe, selon lequel le Moi se pose lui-même, que le Moi pose son propre être, que Kant l'avait déjà indiqué à demi-mot dans sa déduction des catégories de la *Critique de la raison pure* mais ne l'avait « jamais établi précisément *comme* principe »[1]. Dans sa *Seconde introduction à la Doctrine de la Science* de 1797, Fichte en vient à nouveau à parler de ce thème[2]. Il y affirme que la conception kantienne du *Moi*, au sens d'un acte intelligible du « Je pense », s'accorde avec le « Moi pur » tel que le comprend la Doctrine de la Science. Fichte perçoit la différence par rapport à Kant dans le fait que ce dernier conçoit le « Je pense » en tant que présupposé de toute conscience dans le sens d'une condition, et que la Doctrine de la Science entend au

1. *Cf.* les *Fichtes Werke* éditées par I. H. Fichte, volume 1, p. 99.

2. *Cf. ibid.*, p. 475-477.

contraire le Moi en tant que présupposé de ce type dans le sens d'une détermination.

Je ne crois pas qu'avec la thèse selon laquelle Kant aurait dû admettre un premier principe déterminant plutôt que conditionnant, Fichte ait découvert un authentique problème de la théorie kantienne. En revanche, je suis d'avis qu'avec la tentative de fonder le « Je pense » en tant que principe de la *raison pratique*, Fichte se rapporte à un problème authentique de la théorie de Kant, problème à la résolution duquel il apporte également quelque chose de non négligeable. Cet apport consiste en ce que Fichte fait valoir résolument et distinctement une proposition que Kant avait formulée avec retenue et sans grande limpidité. C'est ce que je souhaite montrer en touchant tout d'abord la difficulté d'une fondation du « Je pense » chez Kant, puis, après avoir donné quelques indications sur Reinhold, Maïmon et Schulze, en poussant jusqu'à une comparaison avec la tentative de fondation du « Je pense » par Fichte.

Comme Kant l'expose dans la première *Critique*, le « Je pense » appartient aux prestations élémentaires de l'entendement que l'on peut caractériser comme précatégoriales [3]. L'entendement, dans le domaine précatégorial, est, d'une part, la faculté logique de juger et de concevoir [4] et, d'autre part, la faculté de penser orientée vers l'objet. En tant que faculté de penser orientée vers l'objet, l'entendement est la *conditio sine qua non* de l'unité, unité dans le sens de l'objectivité constante intuitionnée et pensée de ce qui est donné dans l'intuition sensible en tant que divers. Kant introduit cette faculté au paragraphe 16 en tant que « Je pense » accompagnant toutes mes représentations, puis la développe analytiquement en

3. Même lorsque l'on part du fait que les prestations élémentaires de l'entendement ne font pas leur apparition isolées de leur prestation catégoriale, pour autant qu'il n'existe qu'*un* entendement, cette conception du précatégorial n'en découle pas moins. Car les prestations élémentaires et la catégorialité demeurent également dans *un* entendement eu égard à la question de la connaissance, de nature différenciée.

4. *Cf. Critique de la raison pure*, A 67 *sq.* ; B 92 *sq.*

sa qualité d'unité, en tant que complexe de prestations primaires d'égoïté, d'identité et de synthèse. Eu égard à ce complexe d'unité, le « Je pense » est caractérisé comme « unité originairement synthétique de l'aperception »; et de cette dernière, en tant que faculté sous laquelle tout divers de l'intuition doit se tenir, il est affirmé à la fin qu'elle est le « plus haut point » de tout usage de l'entendement, point auquel « la logique en son entier et, après elle, la philosophie transcendantale doit se river »[5].

Par rapport à la démarche globale de la déduction transcendantale de l'entendement, l'aperception originaire est certes ainsi un présupposé nécessaire et, d'un certain point de vue, lié à des exigences d'évidence, pour fonder la connaissance synthétique *a priori*. Elle n'est cependant pas un principe de démonstration, ou, du moins, ne constitue pas le principe de démonstration à proprement parler. Le principe démonstratif pertinent dans la déduction de l'entendement est plutôt que des conditions catégoriales déterminées de la connaissance se montrent comme valides objectivement, car sans elles l'objectivité ne serait pas possible (pensable, articulable) au niveau de l'expérience[6]. À cette fonction limitée que Kant attribue à l'aperception originaire, il n'y pas grand chose à objecter. Elle fait partie d'un programme de déduction qui, selon moi, rompt pour des raisons compréhensibles et justifiées avec une déduction que l'on peut caractériser en général comme déduction ou comme détermination à partir du Moi. En revanche, il est manifeste que Kant pose un sérieux problème, en ce qui concerne une *fondation* convaincante de l'aperception originaire.

Ce problème peut s'exposer de la manière suivante : sur la base de la critique qu'il adresse à la psychologie rationnelle, interprétant le Moi comme substance connaissable, Kant conçoit l'aperception originaire comme un concept *purement logique*, comme un concept sans validité synthétique. Cependant, lorsqu'il utilise l'aperception synthétique dans sa matière propre, c'est-à-dire avec son statut de principe suprême de déduction, Kant ne peut faire autrement que de la comprendre comme un concept logique, qui a en même

5. *Cf. ibid.*, B, § 16, rem.

6. *Cf. ibid.*, § 14 (A 94, B 126 *sq.*).

temps une validité *synthétique*. Etre un concept *purement logique*, cela veut dire, dans ce contexte, que l'aperception originaire n'a pas en même temps de statut catégorial. Elle est uniquement le principe d'accompagnement (le « véhicule »)[7] de tout penser, représenter, connaître. Si elle était, en tant que concept logique, en même temps une catégorie, elle serait alors l'outil (la « clé »)[8] de la connaissance adéquate à l'objet et rapportée à l'expérience. En d'autres termes, elle serait une condition de la connaissance qui pourrait être déduite avec succès lorsqu'elle est appliquée à ce qui est donné dans l'intuition sensible et, ainsi, qui pourrait être affirmée comme apodictique et valide objectivement. En tant que simple concept logique, l'aperception originaire peut certes être remplacée, avec succès et avec la distanciation nécessaire, par la thèse d'un Moi-substance propre à la psychologie rationnelle.

L'inconvénient est cependant que, par là, on ne peut jamais exclure que l'aperception originaire soit *quelque chose de purement pensé*, un *ens rationis*. Que l'aperception originaire n'existe pas seulement comme quelque chose de pensé mais aussi comme quelque chose qui possède une validité concernant le domaine du synthétique, de l'empirique, c'est certes ce que Kant a présupposé comme allant de soi. Toutefois, comment ceci doit-il être rendu plausible sur la base d'un concept non empirique, concept qui soit en même temps non catégorial ? Les réponses éparses que Kant apporte à cette question se laissent résumer comme suit :

1) L'aperception originaire n'a besoin, dans la mesure où on affirme d'elle *qu'*elle est[9] (la *simple* existence), d'aucune justification reliée à l'empirie. Dans ce cas, il suffit de l'introduire en tant que membre de prémisses évidentes d'un modèle de connaissance, modèle qui présuppose quelque chose de connaissant et quelque

7. *Cf. ibid.*, B 399, 406.

8. *Cf. ibid.*, A 313 ; B 370.

9. Sur la différence entre être ceci et être ainsi, *cf. ibid.*, § 25.

chose à connaître [10]. Sur cette base, Kant a également renoncé en conscience à caractériser l'aperception originaire en tant que jugement ou concept [11]. Car elle est le Je pense comme *Je* pense ; c'est-à-dire le Moi alors qu'il n'est pas encore pensé. Elle est, comme cela est dit dans les *Prolégomènes*, uniquement le « sentiment » d'une existence [12].

2) Cela se passe autrement lorsque l'aperception originaire est conçue comme une existence *déterminée* de manière élémentaire, comme un Je *pense*, et qu'elle est comprise dans sa fonction de dispensatrice d'unité. Dans ce cas, nous avons affaire à un concept tel qu'il n'est possible que d'apercevoir comment l'on ancre l'aperception originaire dans le domaine de l'empirie. Kant rend justice à cette exigence en interprétant manifestement l'aperception originaire comme « Idée » théorique, plus précisément comme l'*Idée psychologique*. L'Idée psychologique est un concept du « Je pense » auquel il ne peut être donné adéquatement aucun objet empirique, comme pour toute Idée au sens kantien, à la différence des catégories. À y regarder de plus près, Kant se représente la relation devenant pertinente du Moi intelligible et du Moi empirique de la manière suivante : le « Je pense » en tant qu'acte intelligible ne fait son apparition que lorsqu'un donné empirique est présent [13], plus précisément lorsqu'un corrélat empirique de cet acte intelligible est donné. Par ce corrélat, Kant comprend l'expérience interne.

Étant donné que la fonction d'unité doive principalement revenir à cet acte du Moi pensant, le corrélat empirique de l'expé-

10. On pourrait dire que Kant est d'accord avec la manière de voir du premier Wittgenstein, manière de voir selon laquelle le sujet pensant, représentant et connaissant se tient à la frontière du monde des objets connaissables ou des faits dont on peut parler, et selon laquelle, de ce fait, il ne peut que se « montrer » (*cf.* L. Wittgenstein, *Tractatus logico-philosophicus*, 5.632). Puisque le sujet dont on peut parler est pour lui une instance d'unité, Kant ne peut en rester à cette compréhension réductrice.

11. *Cf. Critique de la raison pure*, B 404.

12. *Cf.* Kant, *Prolégomènes à toute métaphysique future*, § 46, rem.

13. *Cf. Critique de la raison pure*, B 422, rem.

rience interne doit se présenter sous la forme de quelque chose de *persistant*, ce qui n'est possible, dans le domaine de l'empirique, qu'à la condition d'une persistance dans le *temps*[14]. Sur ce fond, Kant en vient finalement à la conviction que le « Je pense » ne pourrait intervenir sans le « sens interne », le temps[15]. Cette assertion pose de son coté le problème suivant : le sens interne ne garantit pas encore lui-même la persistance, le temps en tant que tel est seulement un flux temporel[16]. Pour Kant, la solution du problème doit être cherchée dans le cadre de la visée exposée lors de la « réfutation de l'idéalisme ». Le Moi pensant ne peut s'attribuer avec succès la persistance dans le temps que lorsque l'on présuppose qu'il dispose en même temps, en tant que sujet connaissant, d'une conscience naturelle qui lui fournisse l'idée qu'il existe des objets subsistants de l'expérience à l'extérieur de lui[17].

3) La fondation empirique de l'aperception au moyen de l'Idée psychologique conduit à ce que seule la validité problématique d'un concept empiriquement consistant soit atteinte, comme c'est le cas pour toutes les Idées de la raison théorique. Cependant, il paraît absurde que l'aperception originaire, en tant que point suprême de l'entendement à partir duquel on peut obtenir une connaissance apodictique valable objectivement au moyen de concepts catégoriaux, ne soit elle-même valable que problématiquement. Afin de pouvoir attester le point suprême de l'entendement en tant qu'instance valable apodictiquement, il ne reste finalement que la fondation supplémentaire de l'Idée psychologique du point de vue de la raison pratique. Certes, au moyen de

14. Tandis que, dans le § 16, il est question d'une unité synthétique de l'aperception rendant possible l'unité analytique au niveau d'une unité générale *pensée,* avec l'expérience interne continue, c'est maintenant l'unité synthétique qui est considérée en tant qu'unité *réelle*.

15. *Cf. ibid.*, B 429 *sq.*

16. *Cf. ibid.*, B 412 *sq.*

17. Sur ce problème, voir aussi « Zum ontologischen Status von Kants ursprünglich-synthetischer Einheit der Apperzeption », *Logische Analyse und systematische Philosophie. Festschrift für G. Seel zum 60. Geburtstag. G. Mohr*, éd. par H. Linneweber, Würzburg, à paraître.

la raison pratique, l'Idée psychologique ne se laisse pas affirmer avec une validité apodictique comme Idée théorique mais comme Idée pratique (comme Idée qui doit être réalisée). Aussi le Moi pensant se laisse-t-il valider en sa qualité de Moi persistant tout au long du temps au moyen du postulat de l'immortalité de l'âme (en tant que représentation de l'approche continue infinie de l'état moral final) sous la forme d'une Idée pratique valide *assertoriquement.*

De ce point de vue, le Moi peut être compris comme une « substance réelle » *pratique*[18]. Si, en outre, on reconstruit le Moi pensant persistant tout au long du temps à partir de l'Idée de la personne *morale* qui correspond au profil de la loi morale, on arrive alors à ce que la supposition d'une substance réelle pratique puisse se présenter également avec une validité *apodictique.* La loi morale valide de façon apodictique ne consiste que dans l'invitation bien connue à tester de manière généralisée nos maximes d'action, et, en même temps, en une invitation à être une personne dotée de conscience et à qui l'on peut imputer quelque chose, c'est-à-dire une personne morale[19]. Cela n'est pas possible si la personne à laquelle imputer quelque chose n'est pas un Moi pensant faisant son apparition comme Moi persistant tout au long du temps. L'exigence apodictique d'être une personne morale implique de ce fait l'exigence d'être un Moi pensant persistant. De cette manière, on arrive à ce que l'aperception originaire soit glissée dans un contexte qui rende possible la fondation forte recherchée.

Dans les contributions les plus en vue des dernières année du dix-huitième siècle qui se consacrèrent à la critique et au développement continué de la *Critique de la raison pure* de Kant, la fondation de l'aperception originaire est perçue comme un problème trop peu pris en considération par le créateur de la doctrine nouvelle. Les auteurs qui se donnèrent pour but d'établir le système futur de la raison pure jugèrent que c'était une tâche

18. *Cf. Critique de la raison pratique*, A 220, 239.

19. *Ibid.*, A 242 f.

incontournable de prêter une solidité plus forte au fondement du système kantien.

Avant Fichte, ce fut, de manière exemplaire, le cas chez Reinhold. Depuis son *Essai d'une nouvelle théorie de la faculté humaine de représentation* de 1789, Reinhold émet la proposition suivante : au sommet du système kantien de la raison, à reconstruire en tant que théorie de l'entière faculté de représentation, il faudrait disposer le « fait de la conscience ». Sous cette proposition se tient, entre autres, l'intention de fonder le Moi dispensateur d'unité de Kant de manière qu'une validité apodictique puisse lui être attribuée. Le fait de la conscience exprime l'idée selon laquelle lorsque l'on se représente (pense, connaît ou désire) quelque chose, on doit présupposer qu'il y a une conscience, *i. e.* un sujet représentant, un objet représenté et une représentation en tant que médium du rapporter et du distinguer du sujet et de l'objet[20].

Avec ce fait, à classer comme indispensable, guère plus décomposable et, dans cette mesure, absolument certain, le sujet (le Moi), de la même manière que chez Kant, est introduit en tant que terme de prémisses nécessaires du représenter. Selon Reinhold, on est toutefois en droit de partir également de l'idée selon laquelle la fonction dispensatrice d'unité de ce sujet est pareillement un fait indubitable. Car, selon lui, la supposition selon laquelle le sujet doit être compris comme forme et unité, l'objet comme matière et diversité, appartient aux conséquences évidentes du fait de la conscience[21]. Afin de renforcer cette thèse, qui ne parvient pas à convaincre dans la version exposée dans l'*Essai*[22], Reinhold précise, dans la nouvelle présentation de son système en 1790, le fait de la conscience, formulé comme « principe de conscience »,

20. *Cf. Essai d'une nouvelle théorie de la faculté humaine de représentation*, Prague et Iéna, 1789, p. 200.

21. *Cf. ibid.*, p. 282.

22. Les premiers critiques de l'*Essai* reinholdien, comme Johann Christoph Schwab et Karl Friedrich Forberg, ont à bon droit indiqué que l'attribution sujet/unité, objet/diversité ne ressort pas de ce qui est exprimé avec le fait de la conscience, *i. e.* de l'existence d'un sujet, d'un objet et d'une représentation de même que du rapporter et du distinguer de ces moments les uns par rapport aux autres.

grâce à la détermination suivante : le représenter et le distinguer du sujet et de l'objet sont à entendre comme quelque chose qui est accompli « par le sujet »[23].

Le sujet représentant n'est, par là, plus à saisir simplement comme une instance donnée, à laquelle quelque chose peut être rapporté ou duquel quelque chose peut être distingué, mais comme l'acteur du rapporter et du distinguer. Il ne fait aucun doute que la supposition reinholdienne selon laquelle le sujet, en sa fonction d'unité, soit un fait qui découle du fait de la conscience puisse être rendue plausible par cette détermination supplémentaire. Lorsque le sujet représentant est l'acteur du distinguer, il est « distinguant ». Ce distinguant peut certes être intégralement exposé du point de vue de la conscience comme une variante de la relation sujet-objet et, dans cette mesure, être distingué. De son propre point de vue, toutefois, le distinguant est un « indiscernable » et, de ce fait, ne peut pas en fait être pensé autrement que comme « unité »[24].

Néanmoins, avec la détermination supplémentaire, naît aussitôt un nouveau problème. Avec le sujet-acteur en tant que distinguant, un sujet ayant rapport à lui-même est intégré dans la relation fondamentale sujet-objet. Par là, le sujet ayant rapport à lui-même est présenté sous une présupposition : il n'est en définitive plus permis de saisir ce même sujet en son unité (indiscernabilité). Tant que Reinhold s'attache à la conscience en son acception de fait fondamental unique de son système, une tension irréductible demeure entre la pensée de la conscience et celle de la subjectivité ayant rapport à elle-même. Puisqu'elle tombe dans le cadre du modèle de la conscience, la fondation du Moi dispensateur d'unité reste en germe du point de vue de la subjectivité ayant rapport à elle-même et, par là, du point de vue de la raison pratique.

Maïmon de même, dans son commentaire et sa nouvelle présentation critique de la première *Critique* kantienne, tient pour

23. *Cf.* K. L. Reinhold, *Le principe de conscience Nouvelle présentation des Moments principaux de la Philosophie élémentaire*, traduction inédite de l'allemand, notes et présentation de J. -F. Goubet, Paris, 1999, p. 49.

24. *Cf. ibid.*, p. 70 *sq.*

nécessaire d'éclaircir et de consolider le concept d'aperception. Dans l'*Essai sur la philosophie transcendantale* de 1790, Maïmon s'efforce d'une part d'appréhender le Moi en accord avec Kant comme quelque chose de subsistant dans tout changement, comme quelque chose de subsistant qui ne peut, quoi qu'il en soit, être compris comme la catégorie (kantienne) de la substance et, de ce fait, comme valable apodictiquement[25]. D'autre part, Maïmon conteste aussi résolument la vue selon laquelle le Moi serait uniquement un produit du penser. Puisque la signification d'autodétermination est appropriée au Moi, il peut, selon Maïmon, être affirmé comme « objet réel »[26], quand même il serait indéterminé. Sous la supposition que le Moi serait une Idée (dans le sens kantien), Maïmon soutient en outre que le Moi doit être considéré dans ses « modifications » (unité, substance) en tant qu'objet de notre connaissance théorique déterminable approximativement[27].

Ainsi, le Moi peut être compris dans sa modification de la « substance » comme objet de notre connaissance, duquel nous nous rapprochons à l'infini au moyen de liaisons et de généralisations de données empiriques du Moi. Une validité apodictique n'est certes par là jamais atteinte; toutefois, une validité hypothétique qui s'en approche l'est. Avec cette conception, Maïmon suit, sans se rapporter explicitement aux indications kantiennes, de manière distincte les deux premières étapes de fondation que nous avons dégagées des textes kantiens. Quoi qu'il en soit, pour ce qui est de la seconde étape, Maïmon entreprend de rendre l'ancrage empirique de l'Idée psychologique plausible, non au moyen d'un rapport au sens interne et aux objets extérieurs, mais au moyen de l'Idée du Moi-substance. Le fait que Maïmon ne suive pas la conception kantienne, selon laquelle les Idées doivent être fondées finalement sur la raison pratique, se comprend à partir de la réponse qu'il apporte à la question de la connaissance et qui s'écarte de celle de Kant. Puisque Maïmon conçoit aussi les catégories de l'entendement comme un type d'Idées, comme des

25. *Cf. Essai sur la philosophie transcendantale*, Berlin, 1790, p. 157 *sq.*

26. *Cf. ibid.*, p. 164.

27. *Cf. ibid.*, p. 164-166.

Idées d'entendement, et qu'il considère par suite avec Kant que le but de la connaissance est atteignable uniquement par approximation dans la connaissance synthétique *a priori*, alors une Idée du Moi comme présupposition suffisante de la connaissance peut être prise en compte.

Alors que Reinhold et Maïmon exposent la manière selon laquelle une fondation améliorée de l'aperception doit être atteinte, G. E. Schulze affirme en 1792, dans son écrit polémique dirigé contre Reinhold et Kant, l'*Énésidème*, que cette tâche ne peut être remplie avec les moyens kantiens et reinholdiens. D'après Schulze, plusieurs possibilités naissent à partir du texte kantien pour déterminer le statut du *Je pense*. Le *Je pense* – Schulze parle avant tout d'« esprit » – est interprétée comme « chose en soi », « noumène » voire « Idée de la raison »[28]. Ainsi que le montre la suite, après réflexion plus précise, l'interprétation du Moi comme Idée de la raison revêt au moins un certain sens[29]. Pour Schulze, ceci n'y change rien mais manifeste plutôt de manière plus distincte que les efforts kantiens de fondation échouent en définitive. En tant qu'Idée de la raison, le *Je pense* ne peut être rendu valide que pour des « raisons subjectives ». Ceci met cependant Kant, selon Schulze, dans une situation sans issue. Puisqu'il conçoit le *Je pense* comme condition suprême de la mise en place de la connaissance synthétique *a priori*, Kant est d'une part contraint d'accepter ces raisons subjectives comme des raisons *fortes*. Ceci a pour conséquence fâcheuse de faire retomber sur lui sa critique de la psychologie rationnelle[30].

D'un autre côté, Kant est contraint, sur la base de cette même critique, d'accepter ces raisons subjectives comme raisons *faibles*.

28. *Cf.* G. E. Schulze, *Aenesidemus oder über die Fundamente der von dem Herrn Professor Reinhold in Jena gelieferten Elementar-Philosophie. Nebst einer Verteidigung des Skeptizismus gegen die Anmassungen der Vernunftkritik*, éd. par M. Frank, Hamburg, 1996, p. 112 *sq.*

29. Puisque Schulze présuppose que l'aperception de Kant doit être entendue au sens d'un fondement, il parvient à l'idée que les deux autres interprétations sont dès l'abord à rejeter, dans la mesure où elles conduisent à employer de manière fautive la causalité.

30. *Cf.* G. E. Schulze, *Aenesidemus*, p. 122 *sq.*

Ceci a pour conséquence désagréable de faire que ce qui est admis comme « source des propositions synthétiques nécessaires » peut être caractérisé comme « apparence »[31] eu égard à la question de la connaissance. Dans la suite, Schulze tient la fondation de l'Idée psychologique à partir de la loi morale pour peu convaincante. Puisque Schulze, dans ce contexte, est d'avis que la loi morale peut certes être considérée comme absolument certaine, mais que tout « raisonnement »[32] s'y raccordant ne le peut pas, il mine en outre toute tentative potentielle pour prêter quelque solidité au *Je pense* en suivant la voie de la doctrine des postulats ou le concept de personne morale.

En ce qui concerne l'apport de Fichte à la solution du problème en suspens, la réfutation de Schulze devient une tâche centrale. Fichte tient manifestement pour pertinente l'assertion de Schulze selon laquelle une fondation du *Je pense* échoue tant que celui-ci est pensé comme une Idée de la raison. De l'avis de Fichte, le refus par Schulze d'une fondation du *Je pense* du point de vue de la raison pratique n'est pas justifié. Au contraire, Fichte y voit le point d'où il faut fondamentalement partir. Dans les tentatives de Fichte, il faut prendre en compte deux prémisses courant de manière parallèle. D'un côté, on a affaire à un point de départ qui s'inscrit à la suite tant de l'idée reinholdienne de fondation au moyen d'un fait suprême évident que de l'idée kantienne selon laquelle il peut être question, dans le domaine de la raison pratique, d'une réalité objective à réaliser. D'un autre côté, Fichte combat le déficit qu'apporte avec elle l'interprétation du *Je pense* comme Idée de la raison, de telle sorte qu'il fait valoir le point de vue de la loi morale et de la doctrine des postulats, à la suite de la fondation moralement pratique du *Je pense* par Kant.

31. *Cf. ibid.*, p. 126. – Schulze ne tient ici aucun compte du fait que Kant considère l'idée de la raison comme au moins capable d'être en partie fondée empiriquement. Aurait-il pris ceci en compte, la question demeurerait toujours, comme nous l'avons vu, de savoir comment un fondement valable problématiquement peut être le plus haut point d'une connaissance synthétique nécessaire.

32. *Cf. ibid.*, p. 285 *sq.*, 289.

Le premier point de départ se présente de façon paradigmatique avec l'établissement du plus haut principe de la Doctrine de la Science dans le paragraphe 1 de l'*Assise de toute la Doctrine de la Science* de 1794. Dans le but d'assurer le fait de conscience reinholdien, vulnérable dans l'affirmation de son évidence, par l'établissement d'un principe amélioré, Fichte renvoie à deux certitudes difficiles à contester. Premièrement il faut présupposer un sujet pris absolument (Je suis) au penser, connaître et vouloir. Deuxièmement ce sujet présente une unité originaire (Moi = Moi) sans laquelle l'identité logique A = A ne tiendrait pas.

À la différence de Reinhold, Fichte est, en la matière, résolument d'avis que cette unité originaire du Moi ne peut être exhibée de manière convaincante comme *réelle* dans le cadre de la conscience. Sur cet arrière-fond, Fichte conçoit l'unité originaire du Moi comme un corrélat ontologique (Je suis ; Moi = Moi) de l'identité logique (A = A), que l'on doit comprendre comme un agir dispensateur d'unité, ou, plus précisément, comme l'autoposition du Moi (Je suis Moi ; Je suis pour moi, par moi etc.). Fichte, proche de Kant quant au concept de réalité dans le contexte de la raison pratique, est ainsi d'avis que l'*unité* du Moi doit être de ce fait admise comme *réelle*, parce que le Moi réalise dans l'autoposition son concept d'unité. À y regarder de plus près, l'idée selon laquelle poser et être convergent [33] sous-tend cette conception. Seul un Moi étant déjà a la capacité de poser, de poser son unité. Toutefois, que le Moi soit (existe) comme un Moi déterminé, unitaire, c'est ce qui est posé par le Moi. En même temps, cette convergence se montre, selon Fichte, comme point de départ de la conscience de soi : car avec la convergence du poser et de l'être, le posant et le posé, l'« agissant » et le « produit de l'action » sont une et une seule chose [34].

Le second point de départ apparaît de manière significative dans la *Recension de l'Énésidème* de Fichte. Le Moi étant conçu comme action et identique à soi est pareillement reconstruit comme ce Moi qu'il faut penser dans le contexte de la « loi

33. *Cf. Fichtes Werke*, vol. 1, p. 96.

34. *Cf. ibid.*

morale » et des postulats de la raison pratique[35]. Sur cette base, Fichte comprend le Moi comme une instance qui s'invite à l'autonomie absolue (loi morale), à la durée éternelle (postulat de l'immortalité de l'âme) de même qu'à l'appropriation de tout Non-Moi (postulat de Dieu). Et il accepte aussi par là que la croyance à ces deux postulats puisse revendiquer le même degré de certitude que le « Je suis »[36] immédiatement certain. Fichte ne modifie de la sorte pas seulement le sens que détenaient la loi morale et le postulat de Dieu kantiens, il élève en même temps les postulats au niveau de la certitude suprême. À cela correspond le fait que l'invitation à l'absolue autonomie et l'invitation à s'efforcer de rejoindre le but posé dans les postulats se tiennent au même niveau. Avec la réélaboration de la Doctrine de la Science de 1794, attestée par la *Doctrine de la Science nova methodo* et la *Seconde introduction à la Doctrine de la Science* de 1797, ce point de départ-ci, afférent à la loi morale et aux postulats, obtient la préséance sur celui-là. Comme l'exprime la *Doctrine de la Science nova methodo*, la nouvelle conception fondamentale de la Doctrine de la Science consiste en ce qu'il faut procéder du principe suprême de l'autodétermination du Moi, principe qui a avant tout le statut d'un « postulat » ou d'un « impératif catégorique »[37].

Si nous approfondissons, Fichte suppose un Moi pris absolument, un Moi déterminable et encore indéterminé, qui est ce qu'il faut postuler. Le Moi déterminé apparaît en conséquence comme le postulé, le postulat comme *passage* du Moi pris absolument au Moi déterminé[38]. En l'occasion, la première invitation, qui procède du Moi pris absolument, est interprétée comme invitation à l'auto-invitation du Moi. Le Moi s'invite à accomplir l'intuition intellectuelle, qui constitue pour sa part, comme rapport à soi, l'*unité* originaire de ce Moi. Dans la *Seconde introduction à la*

35. *Cf. ibid.*, p. 22 *sq.*

36. *Cf. ibid.*, p. 23.

37. *Cf.* Fichte, *Wissenschaftslehre nova methodo. Kollegnachschrift Krause 1798/99*, éd. par E. Fuchs, Hambourg, 1982, p. 27 *sq.*, 143.

38. *Cf. ibid.*, p. 146.

Doctrine de la Science de 1797, Fichte stipule en outre clairement que la faculté et l'invitation à accomplir l'intuition intellectuelle ne sont pas autre chose que la « loi morale en moi ». La loi morale exige l'intuition intellectuelle et permet également sa réalisation. Dans cette mesure, on peut dire avec Fichte que la « réalité » de l'« intuition intellectuelle » et, par là, l'unité originaire du Moi, est garantie par la plus haute réalité de la « loi morale »[39].

Au total, la réalisation de ces deux prémisses amène à la conclusion, au résultat, que l'on peut tirer de Kant, selon lequel le *Je pense* ne peut être suffisamment fondé sans la supposition d'un Moi pris absolument, plus précisément comme Moi pratique, comme Moi de la loi morale. D'après Fichte, la fondation du *Je pense* doit procéder de la loi morale dans un système du savoir théorique à établir nouvellement. Le *Je pense* doit premièrement être compris comme un principe qui *doit* être au moyen d'une exigence de la loi morale. Deuxièmement, la réalité du *Je pense* doit être comprise sur le modèle de la *réalisation* procédant de la loi morale. La conception qui se faisait jour chez Kant, selon laquelle on pouvait prêter au *Je pense* problématique une validité assertorique et apodictique du point de vue de la loi morale, est de cette manière placée au centre par Fichte (de même qu'elle est déterminante pour la construction d'un système de la raison). Ce qu'on peut reprocher au procès fichtéen est le fait qu'il ne prenne pas en considération la seconde étape de fondation kantienne, la fondation du *Je pense* du point de vue de la raison théorique. Ceci n'est pas un hasard. Car Fichte rapporte également à la relation du Moi théorique et pratique l'exigence selon laquelle il faudrait partir d'un premier principe déterminant plutôt que conditionnant.

Le *Je pense*, ou conscience, est selon Fichte, non conditionné par le Moi pratique ou la conscience de soi, mais *déterminé* par elles. Ce ne sont pas seulement les représentations dans le cadre de la conscience mais c'est également la conscience en général qui sont à comprendre de telle sorte qu'elles soient intégralement déterminées à partir de la conscience de soi. En d'autres termes, la conscience a son fondement uniquement dans la conscience de

39. *Cf. Fichtes Werke*, vol. 1, p. 466.

soi et n'a aucun fondement en elle-même[40]. Ceci ne signifie rien d'autre que ceci : Fichte comprend en définitive la fondation du *Je pense* à partir de la position de la raison pratique également de telle sorte qu'elle rende superflue une fondation simultanée à partir de la raison théorique. Fichte prolonge la visée kantienne, rendue plus distincte, par un monisme de la raison pratique. Ce monisme a du sens tant qu'il est interprété comme devoir de penser les Moi(s) théorique et pratique comme un et un seul Moi. Il a moins de sens pour autant qu'il veuille dire que le théorique se laisse comprendre entièrement comme forme de la raison pratique.

Traduit de l'allemand par Jean-François Goubet.

40. *Cf. ibid.*, p. 477.

L'éthique fichtéenne : autonomie ou autodétermination?

Myriam BIENENSTOCK

Hermann Cohen, qui fut un grand kantien – ou, plutôt, un grand néo-kantien, puisqu'il fut le fondateur de l'École de Marbourg – fit une fois remarquer que le concept d'autonomie lui-même est obscur; et que Kant ne réussit pas à en clarifier adéquatement le sens. L'erreur méthodique dont Kant ne réussit pas à se dégager aurait été d'avoir considéré le sujet, le Soi (*Selbst*) auquel renvoie le préfixe « auto » dans le terme d'« autonomie », comme déjà présent, comme étant là et présupposé, c'est-à-dire comme un sujet ayant seulement à s'expliciter et à se présenter dans son agir éthique, dans des actions qui seraient ses manifestations. Mais le Soi ne serait nullement donné à l'avance : selon Cohen, il a d'abord à se produire, et il ne peut le faire que dans la législation – en allemand, *in der Gesetzgebung*, c'est-à-dire plutôt, pour traduire littéralement, dans la donation de loi – dans la législation au sens actif du terme :

> L'action n'est plus simplement le déploiement du Soi, mais elle est conditionnée par la législation, qui est la législation du Soi, si bien que le Soi aussi est conditionné par l'acte de légiférer. L'autolégislation n'est donc pas la législation à partir du Soi, mais pour <vers> le Soi (*Also die Selbstgesetzgebung ist nicht etwa die Gesetzgebung aus dem Selbst, sondern zum Selbst*). Ce qui importe, c'est la législation; ce n'est qu'en elle que le Soi atteste de soi-même;

> c'est en elle qu'il se produit (*Auf die Gesetzgebung kommt es an; in ihr erst bezeugt sich das Selbst; in ihr erzeugt es sich*). L'idée d'autonomie ne veut donc pas dire que la loi doit partir du Soi[1]…

Parler d'autonomie, ce ne serait pas dire que la loi doit *partir* du Soi, du sujet, ou de l'individu pris comme sujet. Ce serait plutôt affirmer que le Soi, le sujet, est formé par la loi, ou plutôt qu'il *doit* être formé par la loi – par la loi morale, le commandement : c'est en lui et par lui, par le commandement moral, le *Sollen*, que se formerait donc l'individu ; et qu'il attesterait de lui-même, comme sujet moral.

Certains diront peut-être que Cohen pousse très loin sa thèse, et ne voudront pas le suivre, ou aller jusqu'à dire avec lui qu'au fondement de toute autonomie véritable se trouve la loi morale, le commandement éthique – c'est-à-dire un *commandement*, un impératif ; que l'on est donc plus autonome, plus proche de l'autonomie, lorsqu'on respecte des commandements que lorsqu'on suit ce que l'on croit venir de « soi », de sa propre personne ou subjectivité. Mais la thèse met bien en évidence la dérive extrême qui s'est produite dans notre compréhension du principe kantien d'« autonomie » : celle-là même, qui consiste à assimiler ce principe à un principe d'autodétermination, une autodétermination comprise comme une réalisation *de soi*, de ses propres désirs ou aspirations ; et à prêter à ce principe la légitimité morale du principe kantien d'autonomie lui-même. Parce qu'on assimile souvent aujourd'hui la notion d'autonomie à celle d'autodétermination, comprise comme auto-réalisation, on assume, sans trop y penser, que l'idée d'autodétermination exprime elle aussi un idéal moral, doté de la même légitimité que l'idéal moral kantien d'autonomie.

Mais est-ce vraiment le cas ? Il se peut bien, certes, que l'idéal d'autodétermination, compris comme réalisation de soi, soit un idéal moral ou éthique, que nous soyons tout à fait en droit d'en affirmer la légitimité, et même la grande valeur. Mais cette légi-

1. H. Cohen, *Ethik des reinen Willens* (1904), 3ᵉ éd., Berlin, B. Cassirer, 1921, ici p. 341.

timité, cette valeur, n'a pas, et ne peut pas avoir, le même fondement que l'idée kantienne d'autonomie.

Pour ce qui concerne cette dernière idée, Hermann Cohen met l'accent, fort justement, sur la notion de loi, ou de législation. On se rappellera en effet que dans les *Fondements de la métaphysique des mœurs*, la formulation de l'impératif catégorique par l'autonomie ne vient que tout en dernier : Kant explique d'abord que l'impératif moral se reconnaît à son caractère d'impératif, de *Sollen* – qu'il prend la forme d'un « tu dois », donc d'une contrainte ; et qu'on le reconnaît précisément à sa « légalité », son universalité. Et Hermann Cohen a bien raison de traduire le terme d'autonomie lui-même – qui est, comme on le sait, d'origine grecque – par l'allemand *Selbstgesetzgebung* (littéralement : autolégislation), et non pas par *Selbstbestimmung*, « autodétermination ». Les deux termes ne devraient sans doute pas être utilisés l'un pour l'autre, comme on le fait pourtant souvent. Kant lui-même, d'ailleurs, ne le fit pas : lorsqu'il voulut donner un équivalent allemand au terme d'autonomie, ce fut bien déjà le terme de *Selbstgesetzgebung* qu'il utilisa[2], non pas celui de *Selbstbestimmung*, qui apparaît encore rarement dans son œuvre, et souvent dans un contexte différent.

Le contexte est différent : voici bien la toute première des raisons pour laquelle les deux notions doivent être distinguées. Si la notion d'autonomie fut d'abord une notion de droit et de politique, utilisée essentiellement en politique ou, plus largement, dans la philosophie pratique – et c'est bien ainsi aussi que l'utilise Kant – pendant longtemps, la notion d'autodétermination fut un terme relevant d'abord et avant tout de la logique, et de l'ontologie : des expressions comme « se déterminer », ou encore être déterminé « par soi », par soi-même, se rencontrent dans des contextes dans lesquels il s'agit d'expliquer la « détermination » d'un objet, ou d'un concept. Déterminer un concept, ou un objet, c'était le délimiter ou en quelque sorte le définir. C'était le décrire par des adjectifs, ou des prédicats, en excluant ceux qui ne

2. *Cf.* par ex. l'usage qu'il en fait dans les *Fondements de la métaphysique des mœurs*, ainsi que dans la « Moral Mrongovius » (1784-1785), Akademie-Ausgabe, vol. XXIX, p. 628-629.

conviennent pas, mais en retenant tous ceux qui conviennent et qui peuvent en donner une caractérisation suffisante, ou complète : en ce cas, il y a détermination par soi ou par soi-même. Ainsi en usa Kant, par exemple lorsque, dans la *Critique de la raison pure*, il dit des catégories de la modalité – du possible, réel et nécessaire – « qu'elles n'augmentent nullement, comme détermination de l'objet, le concept auquel elles sont jointes comme prédicats »[3]; ou encore lorsque, dans la « Dialectique transcendantale » de la *Critique de la raison pure*, il affirme que le concept de la détermination complète d'une chose se fonde sur une idée ou, plutôt, un idéal de la raison pure, « le seul idéal dont la raison humaine soit capable, puisque c'est uniquement dans ce cas qu'un concept universel d'une chose est complètement déterminé par lui-même (*durch sich selbst durchgängig bestimmt*) et qu'il est connu comme la représentation d'un individu »[4]. Ainsi en use aussi Fichte, qui rappelle, par exemple dans la seconde Introduction à l'*Essai d'une nouvelle présentation de la Doctrine de la science* que « penser et déterminer les objets, c'est tout un »; et que « la logique fournit les règles de cette détermination »[5]; et qui affirme aussi, cette fois dans la première Introduction, que l'idéalisme est la conception consistant à expliquer « des représentations déterminées présentes à la conscience [...] à partir de l'agir de l'intelligence »; mais que, pour déduire un déterminé, il faut appréhender l'intelligence

3. « ... mais qu'elles expriment seulement le rapport à la faculté de connaître. Quand le concept d'une chose est déjà tout à fait complet, je puis encore pourtant demander de cet objet s'il est simplement possible, s'il est aussi réel, ou, dans ce dernier cas, s'il est bien aussi nécessaire. Par là, on ne pense aucune détermination de plus dans l'objet lui-même, mais on demande seulement comment il se rapporte (avec toutes ses déterminations) à l'entendement et à son usage empirique, à la faculté de juger empirique et à la raison (dans son application à l'expérience) », *Critique de la raison pure*, A 219, Ak.-A., III, 186, *Œuvres*, I, p. 948 *sq*.

4. Kant, *Critique de la raison pure*, A 576/B 604, Ak.-A., III, 388, *Œuvres*, I, p. 1198 *sq*.

5. Fichte, *Nouvelle présentation de la Doctrine de la science* (1797-1798), trad. I. Thomas-Fogiel, Paris, Vrin, 1999, p. 154.

comme « un agir déterminé par *elle-même* »[6] : ici encore, les notions de « détermination » et de « détermination par soi-même » sont utilisées pour rendre compte de l'activité de connaissance, donc d'une activité théorique, non pas dans un contexte politique ou éthique. Et il en ira de même chez Hegel : lorsque Hegel écrit, dans la Préface à la *Phénoménologie de l'esprit*, que le « concept » se « détermine », ou encore se « meut », lorsqu'il parle de l'« automouvement » du concept, ou même, à un point, de son « autodétermination », ce dont il s'agit pour lui, c'est bien aussi d'abord d'un processus de connaissance de la réalité : de logique, et d'ontologie; non pas de morale ou de politique. La question qui se pose alors – et c'est bien évidemment une question essentielle – est de savoir comment il est possible de passer, ou même d'envisager le passage, de cet usage *logique* du terme à un usage *pratique;* et comment légitimer un tel passage.

Dans la recherche d'une réponse à cette question, Fichte occupe une place clé. C'est d'ailleurs dans sa philosophie – ou, plutôt, dans sa philosophie et celle de ses contemporains, au tournant du siècle, que la notion d'« autodétermination » acquiert l'importance que nous lui connaissons, aujourd'hui encore, qu'elle devient un véritable mot d'ordre, tant en politique qu'en morale, et en esthétique. Certes, on peut bien trouver des occurrences du terme plus tôt, et ailleurs qu'en Allemagne : je pense ici non pas à Rousseau – ce fut la notion d'autonomie, non pas celle d'autodétermination, que Rousseau remit à l'honneur – mais bien plutôt à Leibniz qui, élaborant sa conception de la monade et de son principe interne d'action, définit une fois la liberté comme « la puissance de se déterminer »[7]. Après Leibniz, on trouve la notion chez Wolff et ses successeurs, mais[8] sans plus : comme le note l'auteur du bon article consacré à cette notion dans le *Historisches Wörterbuch der Philosophie* de Ritter/Gründer, le terme allemand de

6. *Op. cit.*, p. 112 *sq.*

7. *Cf.* en particulier les *Nouveaux Essais sur l'entendement humain*, IV, 17, § 4, Paris, GF-Flammarion, 1966, p. 429.

8. Volker Gerhardt, « Selbstbestimmung », in *Historisches Wörterbuch der Philosophie*, Darmstadt, WBG, Band 9, 1995, p. 335-346.

Selbstbestimmung n'est même pas encore mentionné dans les dictionnaires philosophiques du XVIIIe siècle; et il faudra attendre non pas Kant, mais plutôt Friedrich Schiller, ce disciple enthousiaste de Kant[9] – et Fichte, bien sûr – pour voir le mot se transformer en un véritable mot d'ordre, utilisable dans tous les domaines : moral, mais aussi esthétique, et théorique aussi bien que pratique.

Je n'évoquerai pas aujourd'hui tout ce contexte, ceci a déjà souvent été fait, parfois fort bien. Je ne reviendrai pas non plus ici sur la conception de l'éthique de Hermann Cohen, et la façon dont il définit et utilise lui-même la notion d'autodétermination[10]. Mais je consacrerai la première partie de cet article à Kant, et à la façon dont il utilise lui-même l'un et l'autre de ces termes, tout particulièrement dans l'*Opus postumum;* pour me tourner ensuite vers Fichte, et poser la question de savoir comment comprendre, et interpréter, ce changement radical de vocabulaire qui le conduit à placer au fondement de son éthique la notion d'« autodétermination » (*Selbstbestimmung*) *et non pas* celle d'autonomie (*Autonomie*, ou *Selbstgesetzgebung*). Dans le *Système de l'éthique*, Fichte affirme, certes – et explique, tout au long d'une page[11] – qu'il n'y a pas de différence entre l'un et l'autre terme. Mais est-ce vraiment le cas? Peut-on simplement le prendre au mot? Ne faut-il pas, au moins, examiner de plus près son argumentation – en prêtant plus d'attention aux *mots*, aux termes exacts qu'il utilise en allemand? Comme je viens de le dire, la notion d'*Autonomie*, ou *Selbstgesetzgebung*, ne se confond pas avec celle de *Selbstbestimmung*, ni non plus

9. *Cf.* sa lettre à Körner, datée du 18 février 1793 : « *Es ist gewiss von keinem sterblichen Menschen kein grösseres Wort gesprochen worden als dieses Kantische, was zugleich der Inhalt seiner ganzen Philosophie ist : Bestimme Dich aus Dir selbst…* ».

10. *Cf.* mon article intitulé « Hermann Cohen über Freiheit und Selbstbestimmung », à paraître dans Y. Schwartz, M. Zank (éd.), *Religiöse Apologetik, Philosophische Argumentation*, Tübingen, Mohr-Siebeck, 2002.

11. *Fichtes Werke*, éd. par I. H. Fichte, Berlin, de Gruyter, 1971, Band IV, p. 56; trad. fr. par P. Naulin, *Le système de l'éthique selon les principes de la doctrine de la science*, Paris, P.U.F., 1986, p. 58. L'argument ressort mal dans la traduction française, qui rend par « autonomie », tout au long du texte, le terme allemand de *Selbstständigkeit. Cf.* note suivante.

avec celle de *Selbständigkeit*, pourtant communément traduite en français par « autonomie », en tout cas dans les traductions de Fichte[12]. La distinction mérite d'être examinée de plus près, non seulement parce qu'elle permet de bien mettre en évidence la singularité de la problématique fichtéenne, par rapport à celle de Kant, mais aussi en raison de l'avenir, ou du destin, des deux notions, sur lequel je dirai quelques mots en conclusion de cet article.

Mais je reviens d'abord à Kant. J'ai noté que Kant utilise très peu la notion d'autodétermination, ou *Selbstbestimmung*[13]; et qu'il a recours à la notion d'autonomie d'abord et avant tout en un sens moral ou éthique. Ceci rend d'autant plus frappant le changement de vocabulaire que l'on peut constater dans ses derniers écrits, et même déjà, peut-être, dans la *Critique de la faculté de juger*[14]. Mais en

12. Pour ce qui concerne Hegel, les traducteurs sont plus prudents : B. Bourgeois traduit *Selbständigkeit* par « subsistance par soi » – et dans leur traduction de la *Phénoménologie de l'esprit*, plus particulièrement du passage célèbre consacré au thème de la reconnaissance mutuelle, P.-J. Labarrière et G. Jarczyk choisissent des traductions littérales, rendant *Selbständigkeit* par « autostance », et *Selbstbewusstsein*, « conscience de soi », par « autoconscience »; ce qui les conduit à intituler le passage célèbre sur le maître et l'esclave (ou le valet) : « Autostance de l'autoconscience ». Même si l'on ne veut pas recourir à ces néologismes, la différence mérite d'être relevée, ce que l'on pourrait faire en mentionnant çà et là le terme allemand entre parenthèses, ou en note.

13. *Cf.* cependant, dans l'*Anthropologie*, la thèse selon laquelle « le désir (*Begierde*, ou *appetitio*) est l'autodétermination (*Selbstbestimmung* : détermination par soi) du pouvoir (*Kraft*) d'un sujet par la représentation d'une chose à venir qui en serait l'effet » (« *Begierde (appetitio) ist die Selbstbestimmung der Kraft eines Subjekts durch die Vorstellung von etwas Künftigen, als einer Wirkung derselben* », Ak., VII, 251 ; trad. fr., *Œuvres*, III, p. 1067) : on notera qu'ici, ce n'est pas la volonté, à laquelle Kant rapporte l'autonomie, mais le « pouvoir » ou la « force » qui *se détermine*, en quelque sorte.

14. Dans la *Critique de la faculté de juger*, il écrit ainsi que le jugement déterminant – celui qui a cours dans tous les jugements de connaissance théorique – est *hétéronome*, car « il doit s'orienter suivant les lois (générales ou particulières) données par l'entendement »; ce qui n'est pas le cas du jugement « réfléchissant », qui serait *autonome*, car il n'aurait « de valeur que subjectivement pour l'usage de notre raison »; ce serait une simple maxime du jugement dont on se sert

la matière, ce sont les textes rassemblés dans l'*Opus postumum* qui sont les plus intéressants : Kant fait là un usage fréquent non pas seulement de la notion d'autonomie, mais aussi de la notion d'autodétermination; il affirme ainsi, de la philosophie transcendantale tout entière, qu'elle est « autonomie » (e. g., Ak., 21, p. 106 *sq.*) et l'identifie aussi, dans les mêmes textes, au « système du pur idéalisme de l'autodétermination du sujet pensant »[15]. Mais avec l'*Opus postumum*, nous sommes en présence d'un ensemble de notes très tardives, postérieures à 1796, donc à la première *Doctrine de la science* de Fichte (1794-1795), et pour une part aussi à la philosophie pratique de cet auteur, c'est-à-dire au *Fondement du droit naturel* (1796-1797), et au *Système de l'éthique* (1798) – Kant fait même, par deux fois, référence à Schelling, et à son *Système de l'idéalisme transcendantal* (1800 : I, 87 et 97). C'est peut-être non pas seulement parce qu'il poursuit là sa réflexion, mais aussi parce qu'il se penche sur ces textes de Fichte et de Schelling, dans lesquels la notion d'« autodétermination » est centrale, que son propre vocabulaire se modifie.

On pourrait en effet voir comme une réplique à Fichte, et à des positions développées par Fichte à la même époque, dans l'insistance de Kant sur le caractère *indirect* de la démonstration de la liberté, sur la préséance en nous de l'impératif catégorique par rapport à la liberté :

> Ce n'est pas le concept de liberté qui fonde l'impératif catégorique mais celui-ci fonde d'abord le concept de liberté. – Le concept de devoir précède encore la liberté, et démontre la réalité de la liberté –. La possibilité de la liberté ne peut pas être démontrée directement, mais seulement indirectement au moyen de la possibilité de l'impératif catégorique du devoir, qui n'a besoin d'aucun modèle de la nature[16].

L'autonomie est comprise à partir de l'impératif catégorique, de la notion de « devoir » (*Pflicht*), de loi morale comme « devoir »;

seulement comme d'un « fil conducteur de la réflexion », *Critique de la facullté de juger*, § 31 et 71.

15. Ak., 21, p. 92; trad. fr., p. 231.

16. *Opus postumum*, XXII, p. 60, 52, 53; trad. fr., p. 187, 188, 193.

et il en est de même du concept de Dieu : l'idée de Dieu comme d'un être moral ne se forme en nous qu'à partir de la notion de l'impératif catégorique, souligne Kant – par exemple dans le passage suivant :

> Il y a deux manières pour l'homme de postuler l'existence de Dieu. Ils disent parfois : il y a un juge divin et vengeur, car la méchanceté et la faute exigent l'anéantissement de cette race abominable. – D'un autre côté, la raison pense un mérite dont l'homme est capable, celui de pouvoir se placer lui-même dans une classe supérieure, à savoir des êtres législateurs pour eux-mêmes (par la raison éthico-pratique), et de pouvoir se placer au-dessus de tous les êtres simplement capables de sentir ; et il y a un appel (*einen Beruf*) à faire cela, et comme tel il n'est pas une chose simplement hypothétique, mais une détermination à marcher sur cette voie : être soi-même auteur de son rang, c'est-à-dire obligé, et cependant en cela s'obligeant soi-même. (*von seinem Range selbst Urheber zu sein d.i. verpflichtet und doch dabey sich selbst verpflichtend*) [17].

Voici bien ce que signifiait pour Kant – et comme nous l'avons vu, pour Hermann Cohen – l'autonomie : un « devoir de contrainte » (*eine Zwangspflicht*) ; « être obligé, et cependant en cela s'obligeant soi-même ».

Mais dans ce thème de l'*Opus postumum*, il n'y a rien de vraiment nouveau. L'idée se trouve déjà chez Kant bien plus tôt, et – dès l'abord – fortement soulignée. Ce n'est pas elle qui constitue la nouveauté de l'*Opus postumum*. S'il y a du nouveau, il tient plutôt à l'extension que Kant donne à la notion d'autonomie, et à la façon dont il développe son rapport à l'autodétermination. Comme je l'ai en effet déjà noté, Kant dit maintenant de la philosophie tout entière qu'elle est « autonomie » ou, plus précisément, qu'elle est mue par le « principe de l'autonomie », le « principe législateur pour toute philosophie ». Il y a, écrit-il, une

> autonomie de la raison théorique/spéculative qui, en liaison avec la raison morale/pratique, en vue d'une expérience

17. *Ibid.*, XXII, p. 117 *sq.* ; trad. fr., p. 171.

> possible, constitue (comme principe) le tout de la philosophie transcendantale [18].

Il élargit donc le sens de ce terme, l'utilisant non plus seulement pour caractériser l'activité du sujet en philosophie pratique, donc dans un sens moral, mais aussi pour caractériser celle du sujet en philosophie théorique, dans la connaissance.

On notera aussi qu'il rapporte l'autonomie à la *raison* : à la raison comme pouvoir des idées, c'est-à-dire des « formes »; ou encore au sujet pensant en tant que « raison », raison pure. Le point est tout particulièrement important, si l'on veut comprendre comment il utilise la notion d'« autodétermination »; car c'est à partir de la raison, donc de la faculté des idées, et non pas simplement à partir de l'entendement, non pas non plus à partir de la conscience de soi, qu'il comprend cette notion : lorsqu'il fait de la philosophie transcendantale « le système du pur idéalisme de l'autodétermination du sujet pensant », il souligne aussi fortement qu'il s'agit là d'un *idéalisme*; et que le sujet s'« autodétermine » non pas par de simples concepts, mais par des *idées*, des idées de la raison, c'est-à-dire des « lois de la pensée », qu'il se prescrit à lui-même. Dire de la philosophie transcendantale qu'elle est « autodétermination du sujet pensant », cela veut dire pour Kant qu'elle est

> la conscience de la faculté d'être l'auteur du système de ses idées d'un point de vue théorique aussi bien que pratique. Les idées ne sont pas de simples concepts, mais les lois de la pensée, que le sujet se prescrit à lui-même.

– et en ce sens, l'autodétermination est « autonomie » [19]. « Etre l'auteur du système de ses idées », « être l'auteur de soi-même » (*Urheber seiner selbst*), « se faire soi-même, en quelque sorte » (*sich selbst machen*) [20] : il y a dans ces pages toute une réflexion – et c'est

18. *Opus postumum*, 21, p. 106-110, ici partic. p. 109.

19. Ak., 21, p. 93; trad. fr., p. 232.

20. *Cf.* Ak., 21, p. 93, trad. fr., p. 232 *sq.* : la philosophie transcendantale est « non pas un agrégat, mais un système, non de concepts objectifs mais d'idées subjectives que la raison elle-même produit et cela non hypothétiquement (problématiquement ou assertoriquement) mais apodictiquement, en se produisant elle-même.

là, me semble-t-il, ce qu'il y a de nouveau, ou l'un des points sur lesquels l'*Opus postumum* innove – il y a là toute une réflexion sur la question de savoir en quel sens le sujet « se fait lui-même »; comment, loin de recueillir un objet donné dans la perception, il le constitue en tant qu'« objet », et se constitue lui-même par là, se constitue en « objet » par ses idées et, par là même, en être pensant.

Car il s'agit bien ici de se constituer en être pensant, non pas simplement en être conscient, ou même conscient de soi. La philosophie transcendantale, qui traite de l'« autodétermination du sujet pensant », présuppose en quelque sorte la conscience, ou la conscience de soi, le « sujet », comme conscience de soi. Mais ce n'est pas là son objet. Dans l'*Opus postumum*, Kant consacre aussi, certes, bien des développements à la question de la conscience, de la conscience de soi; ou encore – pour formuler ceci en d'autres termes – à la question du cogito, la question de savoir ce que signifie le « Je pense, donc je suis ». Mais ce qu'il écrit alors, c'est que l'acte de l'aperception par lequel je me représente moi-même est « purement logique » et « sans détermination de l'objet »; que c'est un acte qui « précède tout jugement », et donc en un sens toute activité de connaissance[21]. La conscience de soi, pour lui, précède la connaissance, ou la pensée : elle est une *condition* de la pensée. Pour reprendre ici une formulation de Bernard Bourgeois, le « Je pense » est pour Kant ce qui *conditionne* toute pensée; et non pas, comme ce sera le cas chez Fichte, ce qui *détermine* cette pensée : dans la conférence qu'il a consacrée précisément à l'étude du Je ou « cogito kantien », dans sa différence avec le « Je » fichtéen[22] – et dans bien d'autres écrits – Bernard Bourgeois souligne ainsi fort justement que la philosophie

Elle est la faculté du sujet s'autodéterminant par le complexe systématique des idées qui font un problème de la détermination complète de celui-ci comme objet [*Object*] (l'existence de celui-ci) pour se constituer lui-même comme donné dans l'intuition ».

21. *e. g.*, Ak., 22, 89 *sq.*; trad. fr., p. 157 *sq.*

22. La conférence de B. Bourgeois, intitulée « Cogito kantien et cogito fichtéen » (1994), est aujourd'hui reproduite dans *L'idéalisme allemand. Alternatives et progrès*, Paris, Vrin, 2000, p. 13-25.

transcendantale kantienne est une philosophie du *conditionner*, et non pas du *déterminer*, de la *détermination*. Cette thèse reste vraie alors même que Kant adopte en ses dernières années – celles de l'*Opus postumum* – le vocabulaire de la détermination, et de l'autodétermination.

Et elle permet de mieux comprendre en quel sens la philosophie de Fichte est non pas seulement une philosophie de la détermination, mais aussi – par excellence – une philosophie de l'autodétermination. Le point n'est guère contestable, tant pour ce qui concerne la philosophie théorique de Fichte que sa philosophie pratique, et sans doute, sa philosophie politique, même si le lien entre la façon dont Fichte a recours à la notion d'autodétermination dans sa philosophie théorique et sa philosophie politique est beaucoup moins direct qu'on ne pourrait le penser de prime abord[23]. La question qui se pose ici est non pas tellement celle de savoir ce que cela signifie, que de placer la notion d'autodétermination au fondement d'une philosophie *théorique*, ou même d'une logique : comme je l'ai déjà souligné dès mon introduction à cet exposé, cet usage peut se réclamer de toute une tradition : celle de la *Schulphilosophie*, de Leibniz-Wolff. La question est plutôt de savoir quelle est, et quelle peut être, la signification de ce geste pour tout ce qui concerne la philosophie pratique : la morale, et l'éthique. Comment, en d'autres termes, peut-on dériver, du concept d'autodétermination lui-même – qui n'est en aucune façon, si l'on y réfléchit, un concept moral, ou éthique – la notion morale de « devoir »; et celle d'autonomie ?

23. On notera ainsi que Fichte ne traite pas explicitement de l'« autodétermination » dans les *Discours à la nation allemande* de 1807/1808, comme pourtant beaucoup s'y attendront. Mais comme l'écrit par ex. P. Oesterreich dans « Aufforderung zur nationalen Selbstbestimmung », *Zeitschrift für philosophische Forschung*, 46, 1992, p. 44-55, s'il n'en traite pas, il la réalise déjà, en quelque sorte – ou il appelle à sa réalisation, par une « rhétorique de l'appel » (*Rhetorik der Aufforderung*) adressée non plus à des sujets individuels, mais à un sujet collectif, un « Nous » qui doit encore se constituer lui-même en tant que tel.

Dans un article aujourd'hui devenu classique sur le concept de « pratique » chez Fichte[24], Claudio Cesa a montré, il y a de cela quelques années maintenant, que dans la pensée de Fichte « pratique » n'est nullement synonyme de « moral »[25]. Il a aussi suggéré que, pour comprendre la signification accordée par Fichte à ce terme, l'on prête davantage attention à la troisième Critique de Kant, la *Critique de la faculté de juger*. Ces deux remarques me semblent extrêmement utiles pour comprendre ce que Fichte entend par « autodétermination ». Car chez Fichte ce terme est, aussi peu que celui de pratique, synonyme de « moral » ou « éthique ». Il a d'abord un sens *logique :* j'ai déjà cité la première Introduction à la *Doctrine de la science*, dans laquelle Fichte affirme qu'il faut appréhender l'intelligence comme « un agir déterminé par *elle-même* »[26]; et j'ai souligné que dans ce contexte, la notion de « détermination par soi-même », c'est-à-dire d'« autodétermination », est utilisée, comme celle de « détermination », pour rendre compte de l'activité de connaissance, donc d'une activité théorique; qu'elle n'a donc rien d'une activité éthique. Dans le *Système de l'éthique* lui-même, Fichte va jusqu'à affirmer – et l'on ne saurait être plus explicite – qu'il dérive directement la notion d'« autodétermination » d'un concept : le concept de fin (*Zweck*)[27]. C'est sans doute, comme le suggère Claudio Cesa, chez Kant, dans la *Critique de la faculté de juger* – tout particulièrement dans les

24. *Zum Begriff des Praktischen bei Fichte*, in *Zur Rekonstruktion der praktischen Philosophie*. Gedenkschrift für Karl-Heinz Ilting, éd. par K. O. Apel avec R. Pozzo, Stuttgart-Bad Cannstatt, Frommann-Holzboog, 1990, p. 461 à 480.

25. Il rappelle d'ailleurs que Fichte lui-même était parfaitement conscient du double sens du concept de « pratique », ayant lui-même distingué une fois entre *sinnlich-praktisch* et *moralisch-praktisch : loc. cit.*, p. 469. *Cf.* aussi, dans le numéro spécial de la *Revue germanique internationale* (18, 2002) que nous avons édité sur *Trieb : tendance, instinct, pulsion*, l'article de C. Cesa intitulé « Sensibilité et conscience. Remarques sur la théorie des Triebe chez Fichte, p. 121-132; ainsi que l'article de L. Fonnesu, « Entre Aufklärung et idéalisme : l'anthropologie de Fichte », p. 133-147. Fonnesu souligne (p. 147), que « le côté éthique de l'anthropologie fichtéenne ne reste pas assez élucidé... ».

26. *Op. cit.*, p. 112 *sq.*

27. *Fichtes Werke*, IV, § 7, p. 8-10; *Système de l'éthique*, p. 14-16.

paragraphes de cette œuvre consacrés à l'examen de ce que Kant dénomme la « finalité interne » (*innere Zweckmässigkeit*) des êtres vivants, des choses de la nature conçues comme êtres vivants[28] – qu'il trouva son concept de « fin » (*Zweck*), et le lien entre ce concept et la notion d'« autodétermination ». On ne saurait trop insister sur le fait que le concept de « fin », que Fichte pose au point de départ de sa réflexion dans le *Système de l'éthique*, renvoie non pas seulement, comme on le répéta si longtemps, à notre vouloir, au principe de notre activité, mais aussi à ce en quoi *s'incarne* notre vouloir : à un corps organisé, celui d'un être vivant. C'est bien en effet dans la « vie », une vie conçue comme « autodétermination », que Fichte enracine la pratique.

Pour s'en rendre compte, il faut replacer les textes de Fichte dans leur contexte, comme le fait Claudio Cesa ; comme le font aussi bien d'autres recherches récentes, plus attentives aujourd'hui, à juste titre, de ce que l'on appelle l'« histoire des concepts ». La *Correspondance* entre Fichte et Schelling[29] comprend un échange de vues fort éclairant sur ce sujet entre Fichte et Schelling d'une part, Kant de l'autre. On se rappellera qu'en 1799, dans une déclaration publiée dans l'*Allgemeine Literaturzeitung* qui avait beaucoup heurté Fichte, Kant avait jugé la *Doctrine de la Science* « tout à fait intenable », soulignant que :

> une pure doctrine de la science n'est ni plus ni moins qu'une simple logique, qui ne parvient pas, avec ses principes, jusqu'à la matière de la connaissance, mais fait abstraction, en tant que logique pure, du contenu de celle-ci ; vouloir, à force de l'éplucher, en extraire un objet réel, est une tâche vaine qui, précisément pour cette raison, n'a jamais été tentée. Mais si en elle la philosophie transcendantale est en jeu, il faut tout d'abord effectuer un passage à la métaphysique[30].

28. *Critique de la Faculté de juger*, § 65, in Kant, *Œuvres philosophiques*, « Bibliothèque de la Pléiade », Paris, Gallimard, II, 1985, p. 1164.

29. Fichte/Schelling, *Correspondance*, trad. M. Bienenstock, Paris, P.U.F., 1991.

30. Ak., XII, 3, p. 396 *sq.*, *Œuvres philosophiques*, III, p. 1211 *sq.*

Fichte fut tout à fait indigné par cette critique, qui porte bien aussi sur l'usage qu'il fait du concept d'« autodétermination » : il accusa Kant de sénilité, ajoutant même qu'en fait Kant était devenu incapable de comprendre sa propre philosophie. Comme il l'écrivit aussi à Schelling, qui se déclarait alors en plein accord avec lui, « *d'après mon usage de la langue* le terme Doctrine de la science ne désigne nullement la logique, mais bien la philosophie transcendantale ou la métaphysique même »[31]. Dans la même lettre, il ajoutait que Kant devrait, comme lui, « se mettre à l'école de Herder… »[32].

Cette demi-phrase pourrait passer pour de la provocation : près de quinze ans avant cet échange, en 1785, dans un compte rendu qui avait fait grand bruit, Kant avait soumis l'ouvrage célèbre de Herder, les *Idées pour la philosophie de l'histoire de l'humanité*, à une critique virulente. Il l'avait condamné vigoureusement, tout particulièrement pour son usage, en philosophie de l'histoire, de la notion de « forces », de « forces actives et autonomes » (*wirksame und selbständige Kräfte*) : ce dessein, écrivait Kant, ne vise à rien d'autre qu'« à expliquer ce qu'on ne comprend pas par ce qu'on comprend moins encore… »[33]. Mais je crois que la pique lancée par Fichte – que Kant « se mette à l'école de Herder » – n'est pas du tout à prendre en un sens ironique. Fichte parle sérieusement. Certes, « se mettre à l'école de Herder » ne consiste pas pour lui à montrer le développement, dans la nature, de forces, de « forces organiques », dont on pourrait dire qu'elles s'« autodéterminent » : Fichte considérait sans doute une telle pratique comme tout aussi obscurantiste qu'elle le fut pour Kant. Mais c'est bien dans la « vie », une vie conçue comme autodétermination, que s'enracine pour lui la pratique ; et le concept de « fin », à partir duquel il comprend la notion d'« autodétermination », renvoie non pas seulement à notre « vouloir » (*Wille*), mais à ce en quoi *s'incarne* ce vouloir, à savoir à un corps organisé, celui d'un être vivant.

31. Fichte/Schelling, *Correspondance*, p. 58.

32. Fichte/Schelling, *op. cit.*, p. 58.

33. Compte rendu de l'ouvrage de Herder, « Idées… », 1re partie, *in* Kant, *La philosophie de l'histoire*, trad. S. Piobetta, Paris, Montaigne, 1947, p. 69.

Lorsqu'il nous demande de réfléchir sur le concept de « fin », sur ce que cela signifie pour nous, de nous poser une fin – ou même plus généralement, pourrait-on dire, sur ce que cela signifie, que « concevoir » – ce qu'il nous demande d'adopter, c'est une démarche transcendantale, une démarche consistant, comme il le dit une fois, à « penser sa pensée elle-même », ou encore – pour reprendre une autre formulation – à sortir de la vie afin de réfléchir sur elle. Ainsi, lorsqu'il dit – à Schelling – qu'il faut « se mettre à l'école de Herder », il sous-entend plutôt que l'on peut déjà trouver chez Herder – ou plutôt chez Schelling, suivant Herder – une telle approche : nous savons que Schelling, à l'époque, était un lecteur assidu de Herder, à la suite duquel il développait même toute une philosophie de la nature.

Mais Fichte assimile aussi cette démarche transcendantale à « la métaphysique même » : comme il l'écrit un peu plus haut dans la même lettre, « *d'après mon usage de la langue* le terme Doctrine de la science ne désigne nullement la logique, mais bien la philosophie transcendantale ou la métaphysique même ». Kant, sans doute, va trop loin lorsqu'il accuse Fichte de réduire la philosophie transcendantale à de la logique pure, et de vouloir extraire de cette logique un objet réel. Mais n'est-il pas en droit de critiquer Fichte, ou plutôt de l'interroger, sur l'assimilation de la philosophie transcendantale à la métaphysique ? Dans l'*Opus postumum*, donc à la même époque, Kant lui-même développait toute une réflexion sur ce qu'est la philosophie transcendantale, dans ses rapports à la métaphysique : si, écrivait-il, la métaphysique examine ou analyse des « concepts » donnés, comme celui de Dieu ; étudiant ce qui est contenu en eux, comment ils se déterminent, la philosophie transcendantale, quant à elle, étudie plutôt ce qui rend possible les jugements synthétiques *a priori*, et sur quels principes ils se fondent.

> Dans la raison éthico-pratique, écrit-il ainsi, est contenu le principe de la connaissance de mes devoirs comme commandements (*praecepta*), c'est-à-dire non selon la règle dont on fait une loi pour le sujet, mais celle qui provient de la liberté, qu'il se prescrit à lui-même, et cela cependant comme si un autre, supérieur, comme personne en faisait une règle pour le sujet (*dictamen rationis practicae*) ; et il se sent nécessité par sa propre raison d'obéir à ces devoirs (non pas analytiquement selon le principe

> d'identité, mais synthétiquement, comme un passage de la métaphysique à la philosophie transcendantale)[34].

Je ne m'engagerai pas ici dans la tâche difficile qui consisterait à expliciter comment Kant – le dernier Kant, le vieux Kant – comprend cette idée, tant répétée dans l'*Opus postumum*, mais si obscure, d'un « passage » – d'un « passage de la métaphysique à la philosophie transcendantale ». Je dirai seulement que pour Kant, la notion d'« autodétermination » est de toute évidence une notion dont le sens dépend de la métaphysique, dans son rapport à la philosophie transcendantale ; et que, s'il parle de « passage », s'il s'interroge sur le « passage », c'est justement parce que pour sa part il n'assimile pas la métaphysique à la philosophie transcendantale, comme semble le faire Fichte.

Telle est sans doute la raison pour laquelle la notion éthique d'autonomie n'est pas synonyme, dans sa pensée, de la notion d'« autodétermination », alors que Fichte assimile carrément l'une à l'autre. Se penser comme pensant ou comme concevant, ou encore comme se déterminant soi-même, comme autodétermination, écrit Fichte, c'est par là même se saisir comme libre : l'intelligence « devient libre par le simple fait de se saisir comme intelligence »[35]. Il n'est donc nullement besoin, pour établir la réalité de la liberté, de faire un détour par l'impératif catégorique, et la loi morale. C'est bien plutôt, tout au contraire, la réflexion sur le concept de fin, sur l'autodétermination de soi par soi, sur le vouloir, qui conduit à la conscience de la loi morale, c'est-à-dire à l'impératif catégorique : selon Fichte, le « catégorique » est déjà dans le concept de fin et, en vérité, dans le concept lui-même[36].

Insistons sur ce point : de la notion d'autodétermination, Fichte pense pouvoir dériver le concept de *Sollen* lui-même, en tant que « devoir-être absolu, catégorique » (*absolutes kategorisches Sollen*) : le concept d'une règle qui « doit être simplement parce qu'elle doit être » (*es soll seyn, schlechthin, weil es seyn soll*). Voici, en fin

34. Ak., 22, 129 ; trad. fr., p. 180.

35. *Fichtes Werke*, p. 36 ; trad. fr., p. 40.

36. *Fichtes Werke*, 4, p. 10 ; trad. fr., p. 15.

de compte, ce qu'il dénomme « autonomie, législation par soi-même » (*Autonomie*, *Selbstgesetzgebung*) : non pas seulement la présupposition d'une loi à laquelle le Moi se soumet librement, et dont il fait une maxime de son vouloir; non pas seulement réaliser ce que cette loi exige dans chaque cas particulier, mais aussi, et surtout,

> pour ce qui concerne le contenu de la loi, rien n'est exigé que l'absolue subsistance par soi (*absolute Selbständigkeit*), que l'absolue indéterminabilité (*absolute Unbestimmbarkeit*) par quoi que ce soit d'extérieur au moi. La détermination matérielle de la volonté d'après la loi est donc tirée exclusivement de nous-mêmes et toute *hétéronomie*, emprunt des fondements de la détermination à quoi que ce soit d'extérieur à nous, est directement opposée à la loi. Enfin, le concept tout entier de notre subordination nécessaire à une loi est engendré exclusivement par une libre réflexion du moi sur lui-même dans son être véritable, c'est-à-dire sa subsistance par soi [37].

Le terme de *Selbständigkeit*, « autostance » ou « subsistance par soi », est rendu dans la traduction française, ici comme dans bien d'autres passages, par « autonomie »; ce qui rend bien évidemment le texte tout à fait incompréhensible : Fichte n'explique pas l'autonomie par l'autonomie, mais renvoie bien plutôt, pour expliquer ce qu'est la notion d'*Autonomie* ou *Selbstgesetzgebung*, à la « subsistance par soi », « être véritable » du Moi. Au centre de sa conception de l'autonomie se trouve le *Selbst*, le « soi », et non pas la loi. Fichte, en vérité, peut bien dire que la pensée qu'il déduit est une loi ou, plutôt, un acte de législation, une « législation ininterrompue que l'on se donne à soi-même ». C'est bien pourtant tout de même, pour reprendre les termes de Hermann Cohen dans la citation que j'ai donnée tout au début de mon exposé, comme une « législation à partir du Soi » (*aus dem Selbst*), non pas « pour <ou vers> le Soi » (*zum Selbst*), qu'il définit la notion d'autonomie.

Plutôt que de revenir ici sur la façon dont Fichte développe cette conception de l'autodétermination en une morale fondée sur la conviction – « celui qui agit suivant une autorité agit nécessai-

37. *Fichtes Werke*, 4, p. 56 *sq*., trad. fr., p. 58 *sq*.

rement sans conscience [...] chacun est obligé par la conscience morale de juger par lui-même... »[38] – je voudrais reposer ici, en conclusion de cet exposé, la question du statut d'une notion comme celle de l'« autodétermination », si centrale chez Fichte. C'est là – certains s'en rappelleront peut-être – la question qu'avait posée, dans un livre maintenant relativement ancien, intitulé *Selbstbewusstsein und Selbstbestimmung*, le philosophe allemand contemporain Ernst Tugendhat (l'ouvrage fut traduit en français sous le titre *Conscience de soi et autodétermination*)[39]. Dans ce livre, Tugendhat développait lui-même une conception de l'autodétermination, ou *Selbstbestimmung*, qu'il disait inspirée de deux auteurs souvent associés aujourd'hui – curieusement : Wittgenstein, mais aussi Heidegger – et sur laquelle je ne reviendrai pas ici; car ce qui m'importe plutôt et ce qui, en fait, attira l'attention sur le livre, ce fut la critique virulente qu'il contient de l'idéalisme allemand : tout particulièrement celui de Fichte. Le phénomène sur lequel se serait interrogé Fichte, mais aussi, avec lui, d'autres philosophes représentatifs de l'idéalisme allemand, à savoir Hegel, ce serait celui de la conscience de soi (*Selbstbewusstsein*). Dans son livre, Tugendhat affirme alors que la tradition philosophique nous a légué trois modèles ontologiques et épistémologiques fort différents, susceptibles de thématiser cette notion, dans sa relation aussi bien théorique que pratique à elle-même : en premier lieu, le modèle ontologique, hérité d'Aristote, d'une substance et de ses états, qui est ancré dans la structure prédicative de notre langage : c'est celui que j'évoquais tout à l'heure, lorsque je disais que la notion d'autodétermination fut d'abord comprise en un sens logique et ontologique, comme détermination de concepts. Le second modèle est fondé sur la relation sujet-objet, qui s'imposa surtout dans la philosophie allemande. Et enfin, troisièmement, il existe aussi un modèle fondé sur la présupposition épistémologique selon laquelle tout savoir empirique immédiat repose

38. Trad. fr., p. 169.

39. *Selbstbewusstsein und Selbstbestimmung. Sprachanalytische Interpretationen*, Frankfurt, Suhrkamp, 1979; trad. fr. par Rainer Rochlitz, *Conscience de soi et autodétermination*, Paris, Colin, 1995.

sur la perception : un modèle qui s'associe d'ailleurs fort bien avec le second, et que présuppose toute notre conception contemporaine de la conscience de soi[40]. Et la thèse de Tugendhat, dirigée explicitement contre Fichte – ou plus précisément contre certaines interprétations contemporaines de Fichte (à savoir, celle de Dieter Henrich) – est que, si Fichte critiqua bien le dernier modèle, il est au contraire le représentant par excellence du second modèle : celui qui est fondé sur l'opposition sujet-objet; et qui ne permet pas de thématiser correctement la relation de soi à soi, en la concevant comme une relation à un « objet ». Car le modèle présupposerait toujours qu'au fondement de cette relation, il y aurait « une sorte de noyau de la personnalité qui, de ses souhaits et de ses rôles concrets, peut, d'une manière ou d'une autre, se pencher sur lui-même, se « réfléchir », ayant ainsi en lui-même une instance de choix, de rejet et d'intégration des exigences externes et internes »[41].

Il serait possible de montrer que le modèle d'autodétermination développé par Tugendhat lui-même est, quoi qu'il en dise, toujours débiteur de Fichte, ainsi que de cette conception *pratique* de l'autodétermination, dont les origines sont distinctement modernes. On soulignera au contraire que, quoi qu'en dise Fichte, autodétermination et autonomie sont deux notions très différentes; et que la conception de l'autonomie morale développée par un auteur comme Kant n'est pas une conception de l'autodétermination. Elle relève d'une autre conception de la morale, plus ancienne, plus proche, sans doute, du premier paradigme distingué par Tugendhat; et plus proche aussi, sans doute, de celle de Hegel[42] : une conception qui rapporterait l'« autonomie » morale à la connaissance autant qu'à l'action des sujets, et en ce sens – mais en ce sens seulement – à la raison.

40. *Op. cit.*, p. 33 *sq.*; trad. fr., p. 25 *sq.*

41. *Op. cit.*, p. 146 *sq.*; trad. fr., p. 121.

42. *Cf.* sur cette conception notre article, « Hegel et le droit des peuples : qu'est-ce qu'être idéaliste en politique? », in *Archives de philosophie*, juillet-septembre 2002.

Fichte et la liberté de penser

Jean-François GOUBET

Dans le propos qui va suivre, nous tenterons de nous intéresser à la notion de liberté de penser. Pour ce faire, nous prendrons appui sur un des premiers textes de Fichte, la *Revendication de la liberté de penser*, et tenterons, à partir de cette base, de développer plus avant les relations particulières qu'entretient le savant avec la liberté de penser. Nous prêterons surtout attention à la *Denkfreiheit* plutôt qu'aux vocables de *freies Denken* ou de *Freiheit des Denkens*, attestés dans les œuvres postérieures de Fichte[1]. Nous porterons le regard sur les applications concrètes de la liberté de penser, en ce qui concerne le droit de communiquer ses pensées ou la liberté de la conscience religieuse. La liberté académique, qui est une conséquence de la liberté de penser, ne sera qu'évoquée.

Le terme de liberté de penser nous paraît fort intéressant en ce qu'il s'enracine dans la visée spéculative primitive de Fichte pour investir les domaines effectifs de la politique et de la religion. Sans résumer à lui seul la philosophie de Fichte, il montre l'idéalité advenir dans la plus haute abstraction puis se montrer dans toute sa concrétion. La liberté du penser est l'élément dont l'homme ne doit pas déchoir lorsqu'il s'agira d'agir effectivement dans le

1. Nous pensons notamment à la première introduction de 1797 ou au *Rapport clair comme le jour*, Paris, Vrin.

monde. Dans la philosophie juridique et morale, ce thème trouve toute son application et toute sa portée.

En portant notre regard sur la *Revendication de la liberté de penser après des princes de l'Europe qui l'ont opprimée jusqu'ici*, nous voulons également rendre hommage à Jules-Romain Barni, Xavier Léon et Martial Gueroult. Ces penseurs ont en effet rendu possible un accès privilégié à la philosophie politique de Fichte[2]. Nous ne nous proposerons pas de retracer le parcours du penseur à travers les différentes époques de sa production, ni à travers les différentes facettes de son développement. Nous nous contenterons d'indiquer une évolution relative à la liberté de penser, évolution qui apparaît lorsque l'on compare les textes politiques de jeunesse et leur expression plus mûre d'Iéna.

SITUATION GÉNÉRALE DU TEXTE DE LA *REVENDICATION DE LA LIBERTÉ DE PENSER*

Le texte de la *Revendication de la liberté de penser* fut écrit entre 1792 et 1793, puis publié de manière anonyme en 1793. C'est avant tout un écrit de circonstance, en réaction à l'édit de censure prussien de décembre 1788 touchant les matières religieuses. On sait que Kant avait connu des embarras avec la censure prussienne lors de la publication de sa *Religion dans les limites de la simple raison* et que Fichte lui-même avait rencontré à Halle, territoire prussien, des difficultés lors de la parution de son *Essai d'une critique de toute révélation*. La *Revendication de la liberté de penser*, bien que fruit de circonstances historiques précises, est avant tout un manifeste politique général. Elle ne se limita pas à demander plus de liberté dans le domaine religieux seulement mais réclama la liberté politique en général, contre le despotisme éclairé du prince voulant faire le bonheur de ses sujets malgré eux. La liberté de penser est en fait synonyme de majorité, de disposition de soi par

2. Sur la réception de Fichte en France, notamment comme penseur de la Révolution française, *cf.* la très belle étude de M. Espagne, *Les transferts culturels franco-allemands*, Paris, P.U.F., 1999, p. 253 *sq*.

l'être raisonnable. Fichte, parlant depuis une *Héliopolis* supposée, veut, à la manière de Kant et de sa réponse à la question « Qu'est-ce que les Lumières ? », donner une définition adéquate de l'homme comme celui qui a le courage de penser par lui-même, celui qui s'enhardit jusqu'à affirmer partout l'autonomie du penser [3].

Pourquoi Fichte a-t-il rédigé ce texte politique sur un mode populaire et non un mode scientifique, parlé la langue du monde et non celle de l'école ? Il l'a fait justement parce que le texte en question est un texte politique. Le statut de texte politique ne signifie pas que les principes généraux de la Raison sont absents. Il signifie plutôt que ces principes sont rapportés à une situation de fait, l'état de l'Allemagne à l'époque de Fichte, et accommodés à un public précis. Un texte politique se doit de se donner une efficace, de trouver les moyens adéquats à faire progresser la situation contemporaine vers une situation meilleure. Le savant Fichte, conscient de ce que les Lumières ne valent que pour la vie, sait que celles-ci ne doivent pas rester étrangères à la plus grande partie des hommes [4]. Lors de la rédaction de la *Revendication*, le futur auteur de la Doctrine de la Science n'avait pas d'autre désir que d'user des moyens rhétoriques adéquats pour se faire entendre, de s'exprimer avec tact. Même s'il ne thématise pas encore pour elle-même l'habileté rhétorique ou le tact, comme il le fera dans ses conférences sur la destination du savant de 1794 ou sur l'essence du savant de 1805 [5], Fichte fait usage *in concreto*, dans ses textes politiques, desdits tact et habileté.

3. Sur la situation et le sens de l'ouvrage, *cf.* M. Gueroult, « Fichte et la Révolution française », *Études sur Fichte*, Paris, Aubier-Montaigne, 1974, p. 152-246, ici p. 170 *sq.*, et X. Léon, *Fichte et son temps*, Paris, Armand Colin, tome 1, 1922, p. 118 *sq.*

4. *Cf. Considérations sur la Révolution française*, trad. J. Barni, Paris, Payot, 1974, p. 80.

5. Voir surtout la quatrième conférence de 1794 et l'importance du tact dans la conférence de 1805.

L'avant-propos de la *Revendication*

L'avant-propos de la *Revendication* ne rentre pas dans une théorie explicative mais énonce avec force et chaleur les idées-maîtresses du texte. Il appartiendra au discours proprement dit de développer de manière plus raisonnée ces idées-maîtresses. Pour l'heure, c'est surtout sur le mode rhétorique du plaidoyer et du réquisitoire que s'organise la revendication fichtéenne. Deux grands thèmes se dégagent de l'avant-propos de la *Revendication*, à savoir l'affirmation d'une perfectibilité historique de l'homme et la critique du despotisme éclairé. D'un côté, une conception de l'histoire se dessine, qui justifie les bouleversements violents, les révolutions, si celles-ci s'avèrent le seul moyen de faire progresser l'humanité sur la voie du développement de soi. De l'autre côté, une idée du gouvernement juste, opposé à une prévenance toute paternelle fondée sur la bonté, prend figure. Dans les deux cas, c'est l'idée de majorité en tant que libre disposition de soi, capacité de se donner à soi-même une fin et d'exécuter des actions conformes à cette fin, qui a la haute main. L'homme doit pouvoir produire ses représentations et agir dans le monde conformément à ses représentations. Le penser est libre en tant qu'il provient de notre seule énergie, qu'il n'est issu que de nous-mêmes, et il est libre encore en tant qu'il fournit à une action sa règle, qu'il prescrit ce qui doit être. L'action de l'être intelligent dans le monde, sans épuiser les manifestations de la liberté de penser, est son expression la plus haute.

Mais revenons aux idées-phares que Fichte dépeint avec vigueur afin de convaincre son lecteur. Fichte commence par admettre que l'état politique actuel est misérable. Toutefois, de ce constat primitif, il refuse la conséquence qui ferait de la misère le lot de l'homme, quelle que soit l'époque. Certes, il faut souffrir à cette heure que la constitution de nos États soit « une terre de peine, et de travail », et que « la terre du plaisir » ne soit pas « sous la lune »[6]. Quelque chose de nouveau pourra pourtant paraître sous le soleil. De ce qui est à ce qui doit être, la conséquence ne

6. *GA* I, 1, p. 169.

vaut pas. « L'humanité devait être misérable, mais elle ne devait pas demeurer misérable »[7] : la misère, tout comme la détresse kantienne d'une *Idée d'une histoire universelle d'un point de vue cosmopolitique*, est un aiguillon permettant de progresser ; là où Kant envisageait le passage d'un état de nature à un état juridique, puis à une alliance des peuples, Fichte prend en considération, quant à lui, l'amélioration interne de la constitution de l'État. L'idée centrale est tout de même identique chez les deux penseurs. Le progrès des Lumières revêt en effet la même fonction, à savoir améliorer l'organisation de la communauté dans laquelle se tient le savant ; celui qui a cultivé son entendement est amené à en faire un usage public en vue d'une amélioration d'un état de fait[8].

Le plaidoyer fichtéen en faveur de la propagation des Lumières, de l'usage public de la liberté de penser, se propose les mêmes buts que le plaidoyer kantien. Seulement, une différence de taille apparaît entre les deux hommes. « Raisonnez autant que vous voudrez et sur les sujets que vous voudrez ; mais obéissez ! »[9] écrivait Kant, qui voyait dans le siècle de Frédéric l'époque des Lumières. Fichte aura vu le Soleil passer de Prusse en France, pour ainsi dire, et l'époque de la promotion de la liberté de penser sera pour lui, non celle du monarque achevant ses jours, mais celle des droits de l'homme. Fichte poussera plus loin que Kant ne l'avait fait ; il radicalisera également, au sens politique du terme, les principes de l'inventeur du criticisme. Puisque c'est notre humanité elle-même qui se définit par la progression sans cesse continuée, ce qu'il appellera plus tard « l'approche finie de l'infini »[10], nous dérober notre liberté de penser, c'est nous empêcher de réaliser notre fin. Or nous devons tout faire pour réaliser notre fin. Un gouvernement princier viendra-t-il à opprimer notre liberté de penser et, par là, faire obstacle au « progrès de l'esprit

7. *Ibid.*

8. *Cf.* AA VIII, *37sq.*

9. *Ibid.*

10. *Cf.* la première des *Conférences sur la destination du savant*, trad. J.-L. Vieillard-Baron, Paris, Vrin, 1980.

humain »[11] ? Que l'on s'insurge et qu'il soit renversé ! La révolution est justifiée comme moyen politique nécessaire dans les temps d'oppression. Comme il le dira de manière plus distincte dans les *Considérations*, c'est en vertu de notre but final, de notre accord avec nous-mêmes, que nous sommes fondés à la résistance et à l'insurrection[12].

Relativement à la révolution, la pensée fichtéenne prend ainsi ses distances par rapport au criticisme kantien. Pour ce qui est maintenant de l'idéal républicain, pour le nommer ainsi, de gouvernement, les deux penseurs partagent toutefois les mêmes vues. Comme l'opuscule *Théorie et pratique* le dira en 1793, le gouvernement qui s'occupe du bonheur de ses sujets les traite comme des mineurs et se révèle être le « plus grand despotisme pensable »[13]. La poursuite du bonheur se voit ainsi confiée à l'arbitraire de chacun, dans la limite du respect du droit d'autrui. Le gouvernement n'a pas de rôle prescriptif à avoir eu égard à la sphère privée. Son seul rôle doit être celui d'un garant : il est là pour assurer le maximum de liberté externe des personnes, le maximum d'action ne portant pas préjudice à autrui. Fichte reprend tous ces thèmes politiques, en leur donnant des accents rhétoriques propres. « Non, prince, tu n'es pas notre *Dieu* »[14] : Fichte s'inscrit en faux contre le parallélisme leibnizien entre, d'un côté, le prince et ses sujets et, de l'autre, Dieu et son peuple, ou le père et ses enfants[15]. Le prince ne doit pas être bon mais juste, ajoute Fichte. Ce n'est pas à un objet bon que le prince doit subordonner sa réflexion. Au contraire, il faut que le souverain garantisse des principes universels, maintienne la limitation réci-

11. *GA* I, 1, p. 169.

12. *Cf.* p. 114 *sq.* Sans aller jusqu'à dire, avec Barni, que « la *Revendication de la liberté de penser auprès des princes* n'est qu'un discours », et que « les *Contributions sur la Révolution française* sont un véritable ouvrage » (introduction à sa traduction, F. Chamerot, Paris, 1859, p. XX), nous reconnaissons que le second texte comporte des développements philosophiques bien plus amples.

13. AA, VIII, p. 291.

14. *GA* I, 1, p. 172.

15. *Cf. Monadologie*, § 84.

proque des libertés externes, des droits. Pas plus qu'il ne représente la fin de l'action morale, le bonheur n'incarne le but de l'action politique.

LE DÉVELOPPEMENT DE LA *REVENDICATION*

Le développement du texte qui nous occupe présentement va préciser de manière plus scientifique ce qu'exprimait son avant-propos. Une véritable déduction des droits, inaliénables et aliénables, du contrat et de la société va prendre place. Ce qui, dans l'avant-propos, était dit de l'impossibilité de renoncer à sa liberté de penser et au rôle de garant joué par le prince trouvera ainsi une formulation plus précise. En outre, c'est la strate fondamentale de la conscience morale (*Gewissen*) et de la personnalité qui va être mise au jour. Le penser en sa liberté va être exhibé comme la définition même de l'homme, sa différence caractéristique d'avec l'animal. L'enjeu du développement ne résidera pas uniquement dans la déduction du droit ou la caractérisation de l'homme intérieur. Fichte touchera également quelques mots du droit de communiquer ses pensées, de s'ouvrir à l'autre des vérités que l'on a découvertes. La liberté de se livrer à des recherches (*Freiheit des Nachforscherns*), dont le philosophe traitera tout le long de sa carrière dans les textes relatifs à l'université notamment, sera évoquée dans le développement de la *Revendication*.

Fichte va déduire tout d'abord ce qu'il appellera en d'autres lieux la loi fondamentale de notre être. Il s'agit de suivre la voix de la conscience, qui enjoint « de vouloir ceci, de ne pas vouloir cela ; et ceci *librement* et *de son propre mouvement*, sans aucune contrainte en dehors de lui »[16]. La liberté s'oppose ainsi à la contrainte comme la loi donnée de l'intérieur à la loi donnée par autrui, l'autonomie à la soumission à un pouvoir extérieur. C'est de son propre mouvement, en portant à la conscience distincte la représentation de la loi (maxime) puis en déterminant son arbitre (décision), que l'être libre et intelligent agit. La perfectibilité de l'être humain peut très facilement être retranscrite au moyen de cette loi fondamentale.

16. *GA* I, 1, p. 173.

Puisque la loi m'enjoint de vouloir, de me procurer à moi-même les motifs de la volition, le déni de la liberté de penser est rejeté. Dénier la liberté de penser serait en effet ouvrir la voie à la soumission à un maître extérieur, promouvoir l'hétéronomie. Un prince, qui édicterait selon son bon vouloir toutes les règles à suivre, bafouerait ses sujets et les ravalerait au rang de simples moyens. Le sujet libre veut la liberté. Remarquons ici que ce thème n'a pas l'extension qu'il prendra dès les *Conférences sur la destination du savant*, lorsque Fichte déclarera que « seul est libre celui qui veut libérer tout ce qui l'entoure »[17]. Le principe fondamental de l'autonomie est affirmé sans qu'il lui soit donné la plus grande distinction possible.

La loi fondamentale de notre être nous somme de ne rien faire qui contrevienne à notre liberté. Elle énonce ainsi quelque chose au sujet d'elle-même : la loi prescrit de ne pas déroger à la loi. Sont des droits inaliénables, des possibilités d'action imprescriptibles, « les conditions sous lesquelles seulement [l'homme] peut agir conformément au devoir »[18]. Sans la liberté de penser, sans la motivation par soi-même de l'action, on ne peut agir selon la loi. La liberté de penser appartient donc à nos droits inaliénables. Au sujet de la liberté de penser, comme au sujet du fait que je ne puisse être reçu en héritage, acheté ou donné, la loi commande de manière catégorique : il ne peut être porté atteinte à ce sans quoi la réalisation de soi est un vain mot. Lorsque nous disons qu'il ne peut y être porté atteinte, nous devons aussitôt ajouter : sans iniquité. La loi n'est pas une règle de la nature, qui détermine unilatéralement des rapports entre choses dépourvues d'intelligence. La loi pratique est représentation d'une fin par un sujet intelligent. Cette représentation n'est cependant pas encore la décision d'agir, la détermination de la volonté. La loi pratique est un énoncé prescriptif qui, sur certains objets (les droits inaliénables), énonce un « tu ne dois pas ! » de manière apodictique.

Il est cependant des objets sur lesquels la loi de la conscience n'énonce rien. Pour reprendre un exemple qui deviendra célèbre

17. *Op. cit.*, p. 52.

18. *GA* I, 1, p. 174.

avec le *Droit naturel*, il ne m'est pas commandé impérativement de reconnaître autrui, d'entrer en communauté avec lui, de contracter avec lui. Si le thème de la reconnaissance est absent ici, l'entrée en société, grâce à un contrat (le contrat social) est tout de même mentionnée. Le domaine des contrats est celui dans lequel ma volonté est libre, et où mon choix est arbitraire. Il est également permis de contracter et de ne pas contracter. La modalité du choix est ici seulement hypothétique : si tu contractes, alors il te faudra suivre cette obligation comme il faudra à autrui la suivre. Les actions extérieures qui me sont permises, c'est-à-dire celles dont la contradictoire m'est aussi permise, constituent mes droits aliénables. Fichte précise bien quel est le domaine du contrat : il concerne les « actions extérieures », non les « dispositions d'esprit intérieures », comme sont « la véracité, le respect, l'amitié, la gratitude, l'amour »[19]. Les actions extérieures sont des actions *in concreto*, qui impliquent un rapport du corps propre à l'objectivité. Fichte ne développe pas ici la dimension corporelle et naturelle du droit, comme il le fera quelques années plus tard à Iéna. Il reprend uniquement les grandes lignes traditionnelles, puisque la caractérisation du droit comme règlement de la coexistence des libertés externes se trouvait déjà chez Kant par exemple[20].

LIBERTÉ DE PENSER, RECHERCHE ET COMMUNICATION

Puisque notre destination consiste à œuvrer en vue de notre perfectionnement, nous sommes fondés à recevoir ce qui nous permet de nous améliorer. Or « l'une des sources les plus riches de notre instruction et de notre culture est la communication d'un esprit à un autre »[21]. En nous ouvrant aux idées d'autrui, nous pouvons continuer de nous former et, ainsi, davantage devenir ce que nous sommes. En nous ouvrant à autrui des convictions intimes que nous avons mûrement réfléchies, nous pouvons à

19. *Ibid.*

20. *Cf.* le début de la seconde partie de l'opuscule *Théorie et pratique*, AA, VIII, p. 289 *sq.*

21. *GA* I, 1, p. 177.

notre tour l'entraîner dans notre cercle et lui permettre de se hisser à un degré supérieur de culture. Sans la condition de la communication de la vérité, « la liberté et la moralité seraient un présent inutilisable pour nous »[22]. Nous retrouvons, eu égard à la liberté de communiquer, un argument déjà produit dans le contexte de la liberté de penser : celle-là est un droit inaliénable, en tant que condition sous laquelle nous pouvons rejoindre notre destination, à savoir l'action conforme au devoir.

La question de la communication des idées est ainsi intimement liée à celle de l'appropriation des pensées, de la transformation des conceptions étrangères en conceptions personnelles. Il est intéressant de remarquer que l'on trouvait déjà l'expression de ce lien dans la *Preuve de l'illégitimité de la reproduction des livres*. Lorsque je me porte acquéreur d'un livre, je n'obtiens aucun droit sur la forme des pensées, en tant que disposition matérielle des phrases, mais j'en obtiens un sur la matière des pensées, les idées elles-mêmes. La lecture d'un livre est un *Mitdenken*, un « penser avec », une sorte d'entretien avec l'auteur. Je ne me porte acquéreur de la *Critique de la Raison pure*, par exemple, que pour supprimer la forme étrangère, l'enchaînement empirique des formules propre à l'individu I. Kant, puis en saisir l'esprit, avant de lui imprimer la forme de ma personnalité. En effet, « l'être humain a en lui le penchant inné de produire l'accord avec sa manière de penser »[23]. Les idées doivent se communiquer librement afin que quelqu'un puisse les entendre et se former grâce à elles, qu'il puisse parvenir à un plus haut stade de développement de sa Raison. C'est toujours en vue du libre développement de ses facultés, non de l'apprentissage par cœur d'une doctrine officielle, que les pensées doivent se communiquer. La liberté personnelle de penser ne s'oppose pas à ce que l'on se mette à l'école d'écrivains du genre de Kant. Penser par soi-même, c'est s'élever à l'Idée du tout, reproduire en soi le génie qui fut celui de l'écrivain, puis exprimer à sa manière, selon ses convictions personnelles, cette même Idée du tout.

22. *Ibid.*

23. *GA* I, 1, p. 411.

Le droit de penser par soi-même n'est pas une liberté indifférente par rapport à son objet. Ce doit être d'après mon intime conviction, parce que je m'en suis emparée, que telle idée doit être faite mienne. J'ai le droit d'élaborer mes propres convictions. Je ne suis pas un croyant, au sens où ce n'est pas par l'autorité que je reçois des idées toutes faites, des préjugés. Si je crois en Dieu historiquement, si je reçois ceci comme un fait frappé au coin de la tradition, je ne suis pas convaincu. Si je crois en revanche « à l'âne de Mahomet, à l'immaculée conception de la Vierge Marie, ou à la divinité du bœuf Apis »[24] par ma propre énergie, je pense alors réellement par moi-même. Tout édit de religion paralyse l'autoactivité et doit, en tant que tel, être rejeté[25]. Malgré l'ironie de la trinité citée par Fichte, on peut le prendre au mot quand il reconnaît comme une certitude de croyance bien fondée les convictions exprimées. Pour autant que ces idées sont liées à une véritable action morale, pour autant qu'elles sont des présentations sensibles de l'Idée de devoir et de ses conditions de réalisation sur Terre, ces idées sont parfaitement recevables. La conviction est une certitude subjective et, en tant que telle, elle est liée au *je suis* de la personnalité morale. La liberté de penser n'est pas la licence d'imaginer ce que l'on veut, indépendamment de l'intérêt moral. Toute pensée singulière n'est admissible que pour autant qu'elle a pour origine mon Soi et qu'elle a pour vocation de me faire agir en accord avec la loi fondamentale de mon être. Autonomie et finalité pratique sont les marques de la conviction au sens plein du terme.

Bien qu'il reconnaisse qu'un musulman, un catholique ou un païen puissent manifester la liberté du penser, Fichte met tout de même en relation étroite le protestantisme et le droit d'élaborer ses convictions personnelles. « Le protestantisme n'est pas autre chose que la liberté de penser, c'est-à-dire que les protestants doivent rejeter tout ce dont ils ne peuvent se convaincre par eux-mêmes », déclare-t-il ainsi dans les *Considérations*[26]. Fichte ne thé-

24. *Considérations*, p. 247-248 n.

25. *GA* I, 1, p. 181.

26. *Op. cit.*, p. 248 n.

matise pas le parallélisme entre liberté politique des temps modernes et liberté religieuse introduite par la réforme luthérienne. Pourtant, ce parallèle est bien présent dans ses premiers textes politiques. Il est important de remarquer que Fichte érige une idée du protestantisme idéal. Il ne veut pas caractériser comme exemplaires les églises réformées ou évangéliques de son époque. Quelqu'un peut bien croire en Mahomet, en Moïse, au pape, en Calvin ou en Luther, pourvu qu'il se détermine lui-même à le faire et qu'il n'hérite pas d'une confession et d'une tradition comme de quelque chose qui ne mobilise pas sa propre force créatrice[27]. Le protestantisme a, en la personne des réformateurs historiques, fourni un exemple sensible du génie moral. Peut être un génie moral, un « génie de la vertu », quiconque peut s'élever immédiatement, par liberté, au-dessus de tous les mauvais exemples de son temps et prendre conscience de son autonomie[28]. La culture de l'entendement n'est pas nécessaire pour se manifester comme vrai croyant, maître d'une morale sublime. Jésus et Luther ont montré la voie d'une pensée issue de soi-même et manifestant dans toute sa force la destination morale de l'homme[29].

Disons quelques mots, pour achever cette section, de la liberté de se livrer à la recherche de la vérité. Laissons la parole à Fichte, qui donne de manière succincte l'argument décisif en faveur du droit de chercher.

> C'est la destination de [la] Raison [de l'homme] de ne reconnaître aucune limite absolue ; et il n'est que par là qu'elle devient Raison, et que lui devient un être autonome, libre [et] raisonnable. En conséquence, la recherche à l'infini est un droit de l'homme *inaliénable*[30].

Le développement de soi, l'accord de la personnalité avec elle-même, est une exigence de la personnalité elle-même. La liberté

27. *Cf. ibid.*, p. 161 n

28. *Cf. Le système de l'éthique*, trad. P. Naulin, Paris, P.U.F., 1986, p. 178.

29. *Cf. Considérations*, p. 127.

30. *GA* I, 1, p. 183.

veut la liberté, et en conséquence elle promeut les moyens de parvenir à la réalisation de son but final. Quelques lignes plus loin, Fichte met en relation ce droit de chercher avec le droit de le faire en commun. Le philosophe souligne une nouvelle fois que le droit à la communication des pensées est une liberté qu'on ne peut prendre ou entraver. Fichte est en outre conscient des conséquences politiques de ce statut accordé au droit de communiquer le fruit de ses recherches personnelles. Il tente de rasséréner le prince en lui expliquant qu'il n'a pas à avoir peur de cette liberté de parole puisqu'il est dans la nature de l'esprit humain de progresser pas à pas, « de clarté en clarté »[31]. Une révolution dans les sciences viendra-t-elle à survenir ? Que le prince n'ait crainte ; la révolution kantienne s'est déjà ébranlée et le trône du prince est toujours entouré des mêmes ténèbres. Le ton redevient plus rhétorique, et l'adresse au prince se montre finalement comme ce qu'elle est, une revendication démocratique. On pourra bien se passer du prince si celui-ci ne veut pas admettre l'existence des droits de l'homme. Les Lumières sont en marche, et l'étape ultime de la libération semble ne pas devoir tarder à survenir.

Les manques de cette première réflexion sur la liberté de penser

La conscience morale dont nous parle Fichte est, selon ce que nous avons vu, le lieu de la conviction intime, de la certitude invincible du *je suis*. Mais qui donc peut s'écrier spontanément « *je suis*, *suis* un être autonome »[32] ? Et qui peut donc mettre immédiatement en relation les droits de l'homme et la liberté, au sens transcendantal ou au sens cosmologique, qu'elle conditionne ? Un génie de la moralité ou un savant assurément. Ce n'est que par un acte de liberté que je puis m'élever à la liberté, me penser moi-même dans cette abstraction expressément motivée. La liberté de penser peut bien être la forme de toute conscience, quelle qu'elle

31. *GA* I, 1, p. 184.
32. *GA* I, 1, p. 175.

soit, elle ne parvient à la pensée distincte que dès lors qu'une libre abstraction me fait faire réflexion sur moi-même, me saisir sur le fait. À l'époque où il écrit la *Revendication*, Fichte ne semble pas conscient de ce redoublement nécessaire de la liberté de penser, la première occurrence donnant la définition de l'essence humaine, la seconde fournissant la clef qui permet de s'élever à l'élément du philosopher véritable et de l'agir authentique. Fichte prête à l'homme en général ce qui ne sera dit plus tard revenir qu'au génie moral et au génie philosophique : « donner une direction déterminée, par sa propre force, selon son libre arbitre, à la série de ses idées »[33]. La *Revendication* nous semble un texte écrit pour un public qui n'a plus qu'un pas à faire pour avoir pleine conscience de sa liberté, de son essence libre. Fichte envisageait, par son écrit, d'obtenir une action immédiate, de provoquer de suite un effet dans le monde. Que le peuple en son entier soit assuré de son essence libre et de ses droits inaliénables, et qu'il agisse en conséquence pour réclamer plus de liberté publique, cela ne pouvait se faire que si seule la dernière marche restait à gravir, si le peuple était constitué de savants qui s'ignoraient encore.

Notre hypothèse est que Fichte a modifié sur certains points sa position politique lorsqu'il s'est employé à thématiser ce qu'était un savant, et ce qu'étaient ses relations avec les autres positions sociales[34]. La *Revendication*, pas plus que les *Considérations*, ne prennent en compte les différences sociales affectant le peuple. Si

33. *Ibid.* À comparer avec la première introduction à la *Doctrine de la Science* (*SW* I, p. 432-3). Voir aussi l'importance de la direction dans la série libre de la réflexion en *Sur la stimulation et l'accroissement du pur intérêt pour la vérité*, trad. P.-P. Druet, dans *Rapport clair comme le jour*, Paris, Vrin, 1999, p. 155-156.

34. Nous comprenons ici le terme de savant au sens large, en lui incorporant le *Volkslehrer*, l'« instituteur moral du peuple », contrairement à la lettre stricte du *Système de l'éthique*. L'idée allemande d'instituteur du peuple prend la notion de peuple en tant que classe inférieure de la société et renvoie principalement, à l'époque, au *Prediger*, à celui qui prêche (*Cf.* J.-C. Adelung, *Grammatisch-kritisches Wörterbuch*, article « Der Volkslehrer », p. 1, Digitale Bibliothek, vol. 40, p. 58251 ; autre édition en Adelung-GKW vol. 4, p. 1226). Puisque ce dernier a lui aussi suivi une formation universitaire, théologique principalement, nous le comptons au nombre des savants.

la révolution semble imminente dans les deux écrits, c'est parce que celle-ci serait active, qu'elle serait effectuée par un peuple très fortement homogène. L'hypothèse d'une révolution passive, dans laquelle seule une poignée de gens comprendrait les préceptes de la Raison et dans laquelle la masse du peuple n'y verrait rien qui puisse motiver son action immédiate, n'est pas envisagée. Les textes d'Iéna montrent un Fichte plus enclin à considérer le processus de perfectionnement dans la durée, plus enclin aussi à reconnaître que la révolution peut dégénérer en agitation et détruire toute stabilité politique. La prise en compte des différentes positions sociales semble avoir amené Fichte à considérer que le travail d'instauration de la liberté de penser effective nécessiterait plus de temps, et d'autres moyens que ceux envisagés primitivement, pour s'avérer. Le philosophe reconnaîtra l'importance d'un « *de nécessité* » et, pareillement, d'une Église de nécessité[35], conçus comme simples chaînons dans le long travail de culture qui mène la communauté, politique ou religieuse, à devenir enfin elle-même. Fichte n'a pas tant évolué philosophiquement, *i. e.* quant à la caractérisation de l'essence et de la destination de l'homme, que politiquement, *i. e.* quant à la caractérisation de l'état actuel de son pays et quant aux moyens à employer pour passer effectivement à un plus haut degré de culture.

À l'époque de la *Revendication*, Fichte n'envisage aucun hiatus entre droit de penser et droit de communiquer, liberté de produire par soi-même ses convictions et liberté de s'ouvrir à autrui, en vue de développer son autoproduction de convictions. Pourtant, la communication se démarque de la pensée en ce qu'elle n'a pas rapport uniquement aux dispositions d'esprit internes mais qu'elle implique également une action externe, un mouvement du corps et une influence sur un autre corps. La matérialité du signe est à prendre en compte en l'occurrence. Fichte ne se montre pas sensible à ce critère de démarcation, qui aurait pu le conduire à tenir la communication pour un droit sur lequel il peut être légiféré de manière positive. Le philosophe aurait très bien pu, fort du

35. *Système de l'éthique*, § 18, p. 227 et 231, où il est parlé d'un « *symbole de nécessité* ».

critère de démarcation entre libertés interne et externe, traiter de la pensée et des convictions dans son *Système de l'éthique*, et traiter de la communication dans son *Droit naturel*. Dans ce dernier ouvrage, il déclarait en effet :

> C'est seulement par des actions, exprimant leur liberté, qui interviennent dans le monde sensible, que des êtres raisonnables entrent en relation d'action réciproque : le concept du droit se rapporte donc uniquement à ce qui s'exprime dans le monde sensible ; ce qui n'a aucune causalité dans ce monde, mais demeure à l'intérieur de l'esprit, relève d'un autre tribunal, celui de la morale [36].

Mais Fichte n'a pas renoncé à la possibilité absolue de communiquer ses pensées. Le philosophe n'a pas fait ressortir la communication au tribunal du droit. À Iéna, ce ne sera pas positivement, par une législation humaine qu'une limite à la communication sera fixée.

Car l'argument dominateur est et demeure pour Fichte le suivant :

> Si le conditionné est commandé, la condition l'est aussi. Or le premier, à savoir former ma conviction, fait l'objet d'un commandement absolu, donc la seconde aussi : la communication de ma conviction privée est un devoir absolu [37].

Fichte déduit une nouvelle fois la liberté de communiquer de la liberté de penser. Communiquer rend possible, non l'existence de la pensée en soi, mais l'usage de la pensée. Sans communication, le droit inaliénable de penser est inapplicable, partant nul et non avenu. L'exigence que la Raison promulgue, à savoir l'égalité à elle-même sur le mode du devoir-être, permet que l'on déduise toutes ses conditions d'application. Le devoir de communiquer ses pensées est donc déduit. Comment doit-il maintenant prendre place dans la communauté ? Ce devoir doit se voir attribuer un cercle d'application, la société des savants. Le pasteur en tant que

36. Trad. A. Renaut, Paris, P.U.F., 1984, § 4, p. 70.

37. *Système de l'éthique*, § 18, p. 236.

théologien pourra bien remettre en cause le symbole, et il le devra si sa conscience le lui dicte, mais il ne devra pas, en tant que ministre du culte, nier ouvertement le symbole commun, la condition de la moralité de sa communauté. La loi morale a en effet la Raison tout entière comme objet, non le seul individu [38]. Ne pas permettre effectivement, dans telle communauté donnée, un progrès de la moralité, c'est agir contrairement au devoir. Le devoir intègre en lui une dimension pragmatique, la connaissance des moyens adéquats à une situation réelle. Le devoir porte en outre sur une société humaine, une communauté. Et l'accent mis sur la communauté, qu'elle soit Église, État ou République des savants, cercle universitaire, n'est pas la moindre des conquêtes spéculatives du philosophe Fichte à Iéna [39].

38. *Ibid.*, p. 226 ou 241.

39. Nous disons cela contre la thèse trop souvent admise que c'est le tournant du siècle qui a vu Fichte s'intéresser de près à la communauté. Certes, à cette époque, Fichte cherchera plus haut que le Moi le principe d'une synthèse des esprits, il s'enquerra de la possibilité de dériver la vie spirituelle de l'Etre divin. Seulement, la communauté comme véritable sujet du droit et de la morale aura déjà fait son apparition dans le *Droit naturel* et le *Système de l'éthique*, si ce n'est déjà dans les *Conférences*. Sur cette question, *cf.* M. Gueroult, art. cit., p. 178, qui opposait le texte de 1793 à la *Destination de l'homme* de la manière suivante : « Contrairement à une tendance qui se fera jour chez Fichte plus tard [...] l'autonomie de la communauté paraît encore se tirer entièrement de l'autonomie préalable des individus rationnels qui la constituent ». Sur l'importance de la Raison une dans le tout politique dès 1796, puis la crise fichtéenne de la *Destination de l'homme* relativement à la possibilité de penser le monde humain sur la base de la Raison finie, *cf.* C. Cesa, « Zur Interpretation von Fichtes Theorie der Intersubjektivität », *Fichtes Lehre vom Rechtsverhältnis : die Deduktion der § 1-4 der* Grundlage des Naturrechts *und ihre Stellung in der Rechtsphilosophie*, dir. par M. Kohlo, E. A. Wolff et R. Zaczyck, Francfort-sur-le-Main, Klostermann, 1992, p. 56-70, ici p. 57-58 et 69.

Droit et nature
Le droit naturel chez Fichte

Ives RADRIZZANI

Je commencerai par quelques réflexions sur la place de la philosophie juridique dans l'architectonique du système fichtéen. La référence à Fichte a été mobilisée ces quinze dernières années, tout spécialement en France, dans le contexte d'un retour prôné, voire constaté, de la pensée du droit. Une réflexion sur la place du droit dans le système fichtéen me paraît dès lors s'imposer, non pas que je veuille contester la légitimité de cette tentative de récupération d'une partie sans doute particulièrement intéressante de l'héritage fichtéen, mais pour ramener à de justes proportions ce projet d'actualisation en rappelant le cadre systématique dans lequel la doctrine juridique a vu le jour chez Fichte. Cette clarification du statut du droit à partir d'un point de vue extérieur s'avérera avoir d'importantes conséquences méthodologiques sur la façon même dont il est possible de traiter le sujet.

Puis, me plaçant sur le terrain même du droit, je tenterai d'esquisser les grandes lignes de l'approche jusnaturaliste propre à Fichte.

Enfin, j'examinerai l'articulation entre droit et nature et mettrai en évidence les fondements anthropologiques sur lesquels repose la philosophie juridique fichtéenne à la lumière en particulier de la théorie de la propriété.

PLACE DU DROIT DANS LE SYSTÈME FICHTÉEN

L'un des traits les plus frappants de la pensée fichtéenne est le caractère systématique clairement affiché. L'esprit de système souffle à travers toute l'œuvre. Et c'est précisément parce que la réalisation de ce système – dont le concept lui était si présent à l'esprit – était jugée imminente, que Fichte avait cru pouvoir jeter au rebut le terme éculé de « philosophie », aux résonances trop dilettantesques, et qu'il avait proposé de le remplacer, et cela dès ses cours zurichois, par le néologisme de « Doctrine de la Science », mieux apte à rendre compte de la dignité de cette méta-science recherchée, en passe d'être enfin élevée elle-même au rang de science[1]. Pour pouvoir évaluer correctement la place de la doctrine du droit au sein du système du savoir en sa globalité, il convient de ne pas perdre de vue ce que Reinhard Lauth a appelé « l'idée totale de la philosophie d'après Fichte »[2], idée qui est bien sûr susceptible d'avoir évolué au fil de la production fichtéenne. Le titre même de l'ouvrage majeur consacré à la discipline matérielle particulière du droit : le *Fondement du droit naturel d'après les*

1. La première occurrence connue du terme de *Wissenschaftslehre* (24 février 1794) figure dans les notes que Lavater a prises des cours donnés par Fichte dans la maison du célèbre pasteur suisse, au printemps 1794 (*cf.* l'introduction d'Erich Fuchs, p. 42 de son édition de la *Doctrine de la science* zurichoise : J. G. Fichte, *Züricher Vorlesungen über den Begriff der Wissenschaftslehre Februar 1794*, Nachschrift Lavater (ZV), Neuried, Ars Una, 1996. On lit dans ces cours : « La philosophie serait la science en soi, la science de la science en général, ou la Doctrine de la Science. (…) Le terme de philosophie ne peut guère être conservé. Il deviendra inutilisable », ZV, p. 69; trad. fr., I. Radrizzani, *La « première » Doctrine de la Science de Fichte*, à paraître dans *Archives de philosophie*, 60, 1997. Dans le passage parallèle de la version remaniée d'une partie de ce cours, publiée sous le titre significatif de *Sur le concept de la Doctrine de la Science ou de ce que l'on appelle philosophie* (cité Concept) : « Cette science, pour peu qu'elle devienne jamais science, abandonnerait non sans raison un nom qu'elle a porté jusqu'ici par une modestie qui n'était pas excessive – le nom d'une prédilection, d'une marotte, d'un dilettantisme », *GA* I, 2, p. 117-118.

2. Reinhard Lauth, « L'idée totale de la philosophie d'après Fichte », in *Archives de philosophie*, 28, 1995, p. 567-604.

principes de la Doctrine de la Science[3], indique bien que le droit, malgré toute la cohérence interne qu'il peut posséder en vertu de son propre caractère systématique, en tant que science particulière, n'est pas une science autonome, mais dépend d'une science supérieure, la Doctrine de la Science, qui doit lui fournir ses principes. Il importe de ne pas oublier cette dépendance si l'on entend déterminer la place du droit dans le système. Cette remarque vise en particulier la thèse d'Alain Renaut affirmant la centralité du droit dans la philosophie du Fichte de l'époque de Iéna[4].

En quoi consiste cette dépendance du droit? Fichte le mentionne expressément dans la cinquième conférence de l'*Initiation à la vie bienheureuse*, lors de sa présentation des cinq points de vue possibles sur le monde, le droit occupant au demeurant un rang très subalterne, en seconde position, sur le même pied que la moralité inférieure, mais subordonné aux trois points de vue supérieurs que sont la moralité supérieure, la religion et la science[5]. Dans ce texte, où Fichte se réfère expressément à la présentation du droit qu'il avait donnée dix ans plus tôt dans le *Fondement du droit naturel*[6], il mentionne trois éléments en lesquels s'enracinerait le point de vue légaliste, soit, dans l'ordre : 1) la loi, 2) la liberté et le genre humain, enfin 3) le monde sensible ou la nature[7]. Ces trois éléments dont le système du droit a besoin pour se développer sont déduits en particulier dans l'exposé de la Doctrine de

3. J. G. Fichte, *Grundlage des Naturrechts nach Principien der Wissenschaftslehre* (*GA*), Iéna et Leipzig, Gabler, 1796-1797. *GA* I, 3, 311 *sq.*, et *GA* I, 4, 5 *sq.*

4. *Cf.* Alain Renaut, *Le système du droit. Philosophie et droit dans la pensée de Fichte*, Paris, P.U.F., 1986, p. 12 : « Ce qui rend originale et même unique la contribution fichtéenne à la problématique juridique, c'est qu'ici la réflexion sur le droit, loin de constituer simplement une partie du système philosophique, en occupe explicitement le centre, faisant ainsi de la première version de la Doctrine de la Science un système du droit ».

5. J. G. Fichte, *Initiation à la vie bienheureuse* (*VB*), trad. M. Rouché, Paris, Aubier-Montaigne, 1944, 5e leçon, p. 170-178 (*GA* I, 9, p. 106-112).

6. *Cf. VB*, 172-173, *GA* I, 9, 107 : « Nous avons signalé, développé et, nous en sommes convaincus, énoncé non sans énergie cette conception du monde, non point sans doute comme la plus haute, mais comme le point de vue qui fonde un droit et une morale, lorsque nous avons traité de ces deux disciplines ».

7. *VB*, 172, *GA* I, 9, 107.

la Science contemporain du *Fondement du droit naturel*, la *Doctrine de la Science nova methodo* (1796-1799)[8]. Les réquisits du droit sont introduits dans ledit exposé de la Doctrine de la Science respectivement au § 13 avec la déduction du vouloir pur, et au § 18 avec la genèse du monde des êtres raisonnables et de la nature, le déterminable de la série idéale, corrélativement le déterminable de la série réelle, soit les deux termes extrêmes de la synthèse quintuple construite au fil de la seconde partie de l'œuvre en question.

La doctrine du droit est donc une science dérivée qui a besoin de tirer ses principes de la partie (justement nommée) principielle du système, et la *Doctrine de la Science nova methodo* apporte précisément la déduction des réquisits du droit énumérés dans l'*Initiation à la vie bienheureuse*, mais quel argument en tirer concernant la place de la philosophie du droit dans l'architectonique du système, car enfin, le virage du Fichte tardif vers la religion n'est-il pas notoire, et la position subalterne attribuée au droit par exemple dans l'*Initiation à la vie bienheureuse* n'est-elle pas symptomatique de ce changement de perspective, postérieur à la querelle de l'athéisme? Au contraire, si l'on examine le texte clé qui figure en appendice de la *Doctrine de la Science nova methodo*, la « Déduction des subdivisions de la Doctrine de la Science »[9], ne gagne-t-on pas, avec M. Renaut, la conviction que le droit, tout dépendant qu'il puisse être de la partie principielle du système, loin de développer un point de vue fort subordonné et destiné à être non seulement dépassé, mais « anéanti » (*vernichtet*)[10] dans les points de vue supérieurs censés lui succéder, constituerait bien plutôt l'un des deux centres possibles de la pensée fichtéenne, et en parti-

8. *Doctrine de la science nova methodo* (1796-1799) (*DSNM*), in *Doctrine de la science nova methodo*, suivie de *L'Essai d'une nouvelle présentation de la Doctrine de la science*, trad. I. Radrizzani, Lausanne, L'Âge d'homme, 1989. Traduction des notes de cours de Krause : J. G. Fichte, *Wissenschaftslehre nova methodo,* Kollegnachschrift K. Chr. Fr. Krause 1798/1799 (B), d. E. Fuchs, Hambourg, Meiner, 1982[1], 1994[2], complétée par la version du manuscrit de Halle figurant au volume IV, 2 de la *GA* (A).

9. *DSNM* 305 *sq.*, A 262 *sq.*, B 240 *sq.*

10. *Cf. VB* 175, *GA* I, 9, 109 : « Une conception du monde supérieure n'en tolère pas une inférieure auprès d'elle, mais l'anéantit en tant que point de vue absolu et suprême, et se la subordonne ».

culier *Le* centre du Fichte de l'époque de Iéna[11] ? En effet, dans cette annexe, après avoir déduit la philosophie théorique et la philosophie pratique, Fichte présente une « troisième philosophie », la « philosophie des postulats », dont relèveraient la philosophie du droit et la philosophie de la religion, deux sciences « étroitement apparentées », qui couvriraient « le même domaine ». Or cette philosophie des postulats aurait précisément une fonction médiatrice, la doctrine du droit étant la philosophie du postulat que la philosophie théorique adresse à la philosophie pratique, et la doctrine de la religion étant quant à elle la philosophie du postulat que la philosophie pratique adresse à la philosophie théorique. Qui plus est, il est vrai que, si Fichte, dans ce texte, parle également de la philosophie de la religion, c'est surtout sur la nature médiatrice de la science du droit qu'il insiste, dont il spécifie expressément qu'elle « tien[drait] le milieu entre la théorie et la pratique », étant à la fois théorique, parce que l'instauration de l'État de droit doit s'inscrire dans l'ordre réel du monde, et pratique, parce qu'il est nécessaire que cet ordre juste qui doit être trouvé, soit instauré pratiquement[12].

La thèse de la centralité du droit soutenue par M. Renaut ne fait d'ailleurs, en un certain sens, que radicaliser la thèse défendue par Luigi Pareyson dans son magistral ouvrage intitulé *Fichte – Il sistema della libertà*, selon laquelle la pensée du Fichte de l'époque de Iéna, qui culminerait dans la *Doctrine de la Science nova methodo*, formerait un système fermé et achevé, qu'il intitule paradoxalement le « système de la liberté », qui serait « clos, sans

11. Intrigué par « l'étrange rapprochement » (*op. cit.*, p. 50) entre philosophie du droit et philosophie de la religion, M. Renaut se demande si « la Doctrine de la science eût pu culminer aussi bien en une philosophie de la religion qu'en une philosophie du droit » et parvient à la conclusion qu'« indubitablement, dans la division rétrospective de 1798, faisant le bilan du premier système, Fichte opte encore pour la synthèse juridique » (Note de I. R. : rien n'indique qu'il s'agisse d'une « division rétrospective » puisque les deux textes sont étroitement contemporains) (*ibid.*, p. 51). Pour des raisons et selon des modalités qui resteraient à déterminer, « la synthèse juridique (aurait) finalement cédé le pas (…) devant (la) synthèse religieuse » (*ibid.*, p. 54).

12. *DSNM* 307, A 264-265, B 242-243.

renvoyer à rien d'autre, par la théorie du droit et par la doctrine morale »[13].

L'erreur commune à ces deux modèles interprétatifs consiste à surévaluer le rôle du juridique (ou, dans le cas de Pareyson, du juridique et de l'éthique, d'ailleurs tous deux rattachés au même point de vue légaliste dans l'*Initiation à la vie bienheureuse*) et, corrélativement, à sous-évaluer celui de la religion et de la science.

Les circonstances n'ont certes pas permis à Fichte de consacrer à la philosophie de la religion un ouvrage scientifique particulier, comparable à ce qu'il a produit en matière de droit et d'éthique ; toutefois il est indéniable qu'il en ait caressé le projet, puisque, dès le premier tableau présentant l'éventail des diverses sciences dépendant de la Doctrine de la Science, la « Division hypothétique de la Doctrine de la Science », à laquelle est consacrée la troisième section de l'écrit programmatique *Sur le concept de la Doctrine de la Science en général*, de 1794, la philosophie de la religion (*Gotteslehre*) figure en bonne place à côté de l'esthétique, de la philosophie de la nature, de la logique, du droit naturel et de l'éthique parmi les sciences relevant de la pratique[14]. Notons que, dans cette première esquisse, les diverses sciences énumérées sont simplement juxtaposées et non hiérarchisées. Lors de la réédition de 1798, cette troisième section fut supprimée, sans doute supplantée par la déduction beaucoup plus élaborée figurant dans l'annexe de la *Doctrine de la Science nova methodo* dont il a été question, où il est précisé que la synthèse religieuse est censée couvrir le même domaine que la synthèse juridique et opérer la même fonction médiatrice que cette dernière entre théorie et pratique, et où il est donc attribué à la philosophie de la religion un lieu théorique propre, irréductible à la morale.

Mais Fichte ne s'est pas borné à indiquer la place qui devrait revenir à la philosophie de la religion, au cas où il lui viendrait à l'idée de s'y consacrer un jour. Bien plus, il en a clairement posé

13. Luigi Pareyson, *Fichte, Il sistema della liberta*… (19501), Milan, Mursia, 19672, p. 403-404.

14. Sur le concept de la Doctrine de la science ou de ce que l'on appelle philosophie », in *J. G. Fichte, Essais philosophiques choisis* (1794-1795), trad. L. Ferry et A. Renaut, Paris, Vrin, 1984, p. 70-71. *GA* I, 2, 150-151.

les fondements. Ainsi, la *Doctrine de la Science nova methodo*, qui, en tant que philosophie première, a pour fonction d'apporter le fondement principiel des diverses disciplines spéciales qui lui sont organiquement rattachées, fournit également, en particulier au § 13, le fondement d'une philosophie purement transcendantale de la religion, dont on peut reconstituer la ligne générale, sur la base précisément de ce § 13 et des nombreuses indications éparses figurant notamment dans les *Conférences sur la destination du savant*, dans le *Système de l'éthique* et dans les *Cours de logique et de métaphysique*, et dont la *Destination de l'homme* offre – sur un ton prophético-pédagogique lié à son caractère populaire – la fidèle traduction, soit une philosophie de la religion d'inspiration fortement kantienne, dont l'originalité consiste notamment dans la systématisation et l'unification des postulats kantiens grâce à l'extension du postulat de la liberté[15]. De ces considérations, je retiendrai la parfaite inscription du point de vue religieux dans la philosophie de Iéna[16]. La thèse de Pareyson n'est donc pas tenable[17]. Mais qu'avons-nous gagné par là concernant la position du droit naturel dans l'architectonique du système fichtéen?

15. Je me suis récemment appliqué à démontrer cette thèse dans un article consacré à l'interprétation de la destination de l'homme, « La place de la *Destination de l'homme* dans l'œuvre fichtéenne », in *Revue internationale de philosophie* (à paraître).

16. On peut d'ailleurs se demander si le caractère populaire de l'écrit dans lequel Fichte a plus spécifiquement développé sa conception de la religion est accidentel ou s'il est lié à la nature même de la synthèse religieuse qui, à la différence de la synthèse juridique, prend son départ dans la pratique et non dans la théorie. J'hasarderai ici une hypothèse, susceptible de jeter quelque nouvelle lumière sur la question et qui mériterait d'être développée et vérifiée, à savoir qu'un exposé scientifique de la religion, selon le modèle de la science que Fichte avait en vue, est tout simplement impossible, et que c'est donc une raison structurelle qui explique l'absence générale d'exposé scientifique de la religion chez Fichte. Ce ne serait donc pas un hasard que les exposés de caractère religieux du Fichte tardif, tels l'*Initiation à la vie bienheureuse* ou le *Caractère de l'époque actuelle*, présentent un caractère populaire, et que les versions tardives de la Doctrine de la Science, qui intègrent le point de vue religieux, le dépassent précisément par leur caractère scientifique.

17. Que la *Destination de l'homme* reflète bien un point de vue religieux, irréductible à la morale, L. Pareyson l'a bien reconnu, puisqu'il estime que cette

Pour aller de l'avant, il sera utile de chercher à élucider le sens de l'indication restée jusque là indéterminée, selon laquelle philosophie du droit et philosophie de la religion couvrirait « le même domaine ». Une précision hautement précieuse est fournie par la *Destination de l'homme*, au troisième livre, où Fichte évoque la possibilité de deux modes de déduction de l'existence du monde intersubjectif et du monde objectif, une déduction juridique et une déduction religieuse. Tout en privilégiant dans ce texte la déduction religieuse, Fichte indique en effet le principe d'une déduction purement juridique de ces deux mondes, en un sens parallèle à la déduction religieuse, puisque les deux se rejoignent en résultat, fondant l'une comme l'autre la croyance en ces deux mondes, différant cependant par le principe respectivement à l'œuvre, la déduction religieuse faisant fond sur la destination morale de l'être humain, sur la « pensée de ses devoirs », la déduction juridique s'appuyant quant à elle sur la « réclamation de ses droits ». Et Fichte de préciser que la déduction juridique vaut « pour qui n'aurait jamais pensé à sa propre destination morale, s'il peut exister un tel homme, ou qui, s'il avait en général pensé à cette destination, n'aurait pas le moins du monde caressé le dessein de la remplir un jour dans un avenir indéterminé »[18]. Dans la mesure où la destination de l'homme, comme l'a établi Fichte dès les *Conférences sur la destination du savant*, est un accord interne du moi avec lui-même[19], le droit, en tant qu'il s'adresse à quelqu'un qui ne recherche pas cet accord interne – soit par ignorance, ce qui ne pourrait se produire que dans le cas d'un sauvage isolé sur une île (dont on peut au demeurant se demander s'il remplit les critères d'humanité), soit par refus délibéré –, ne peut repré-

œuvre marquerait précisément la rupture avec le « système de la liberté », tel qu'il l'a défini (*op. cit.*, p. 406). Ce qu'il n'a pas vu, c'est que ce point de vue religieux s'inscrivait parfaitement dans la perspective des grandes œuvres iénéennes (Fichte restera fidèle à la *Doctrine de la Science nova methodo* jusqu'à la fin de 1800; si tournant il y a, il est donc postérieur à la *Destination de l'homme*.

18. F. G. Fichte, *La destination de l'homme* (*DH*), trad. J.-Ch. Goddard, Paris, Flammarion, 1995, p. 166; *GA* I, 6, 264.

19. F. G. Fichte, *Conférences sur la destination du savant*, trad. J.-L. Vieillard-Baron, Paris, Vrin, 1969[1], 1980[2], p. 39; *GA* I, 3, 30.

senter qu'un moment nécessaire mais imparfait, qui ne saurait revêtir la même dignité que la religion.

La question de la hiérarchisation des diverses disciplines est rendue encore plus complexe, dans la *Destination de l'homme*, par la présence, au second livre, d'une troisième déduction des mondes sensible et suprasensible, représentant le point de vue, il est vrai tronqué, de la science[20]. Il importe de souligner ce point, étant donné que l'on a souvent voulu faire, à tort, du droit le lieu théorique propre de la déduction de l'intersubjectivité, de la déduction du corps propre, de la reconnaissance d'autrui, bref de ce qu'Alain Renaut a désigné du terme heureux de « phénoménologie de la liberté »[21]. Et il est bien vrai que le *Fondement du droit naturel* accorde une place considérable et consacre de très belles pages à cette déduction. Seulement, il ne faut pas oublier que les autres grandes productions de l'époque iénéenne en ont également livré une déduction propre, la *Doctrine de la Science nova methodo*, comme je le signalais ci-devant, mais également le *Système de l'éthique*[22]. Je pense que si l'on parvenait à comprendre la raison de ces multiples déductions, à certains égards parallèles, d'un même point de doctrine, on réussirait du même coup à saisir l'apport propre de chaque discipline et sa place dans le système.

La théorie de la sollicitation développée dans le *Fondement du droit naturel* repose sur le point de vue commun. Lorsque Fichte écrit, au § 3, que le moi ne peut se trouver que comme *déterminé* à agir spontanément « par un choc extérieur qui doit cependant lui laisser son entière liberté de se déterminer lui-même », il se hâte de préciser qu'« il s'agit seulement de la façon dont les choses se présentent nécessairement *pour le sujet sur lequel la recherche doit porter* [c'est moi qui souligne] », soit pour un moi empirique, et qu'il n'est nullement question de « ce qu'il pourrait être *en soi* », soit « du point de vue de la philosophie transcendantale »[23]. La théorie

20. Concernant l'interprétation du savoir présenté au second livre de la *Destination de l'homme*, je me permets de renvoyer à mon article cité *supra*.

21. A. Renaut, *op. cit.*, chapitre II : « Phénoménologie de la liberté », p. 190 *sq.*

22. F. G. Fichte, *Système de l'éthique* (*E*), trad. P. Naulin, Paris, P.U.F., 1986, p. 209 *sq.*; *GA* I, 5, 199.

23. *DN* 49; *GA* I, 3, 343.

de la sollicitation est placée dans la *Doctrine de la Science Nova Methodo* sous un tout autre éclairage, dans la mesure où l'interprétation réaliste à laquelle elle semble prêter se voit génétiquement rattachée au support transcendantal.

Le *Système de l'éthique* va plus loin que le *Fondement du droit naturel.* « L'éthique, écrit Fichte, se situe au-dessus de toute science philosophique particulière (donc au-dessus également de la doctrine du droit). Ici, par conséquent, il faut faire la démonstration à partir d'un point de vue plus élevé »[24]. Dans cet ouvrage, Fichte ne se borne pas à évoquer le point de vue transcendantal, mais il esquisse, très brièvement il est vrai, le principe de l'interprétation transcendantale de la théorie de la sollicitation. Du point de vue de la conscience commune, écrit Fichte, « la perception en nous [par exemple d'une sollicitation] s'explique par l'existence d'une chose hors de nous [par exemple d'un être raisonnable, source de la sollicitation]. Ce qu'on admet de ce point de vue, ajoute-t-il, il faut cependant l'expliquer du point de vue transcendantal, et, de celui-ci, il n'est pas permis de partir de quelque chose hors de nous, mais, au contraire, il faut d'abord expliquer cela même qui est hors de nous à partir de quelque chose en nous »[25]. Si cette démonstration, à laquelle est consacrée toute la seconde partie de la *Doctrine de la Science nova methodo* avec la construction de la synthèse quintuple, n'apparaît pas dans le *Système de l'éthique*, du moins le principe de la solution transcendantale se trouve-t-il esquissé : « Je puis le dire brièvement : c'est par l'objet en général que notre être est limité, ou mieux, c'est de la limitation de notre être qu'on conclut à un objet en général »[26]. Ce qui, dans le *Système de l'éthique*, n'est esquissé que « brièvement », devient dans la *Doctrine de la Science nova methodo* l'objet principal de la recherche, à savoir expliquer comment, à partir du vouloir pur et de sa limitation originaire se peut expliquer l'éclosion du moi individuel et, corrélativement, d'une communauté humaine au sein

24. E 209 ; *GA* I, 5, 199.

25. *E* 214 ; *GA* I, 5, 204.

26. *Ibid.*

de la nature[27]. De ce point de vue, la seconde version de la Doctrine de la Science apporte bien le support transcendantal requis par les doctrines du droit et de l'éthique. Or, si l'on revient maintenant au texte de l'*Initiation à la vie bienheureuse*, on constate que la supériorité du point de vue de la science est placée précisément dans la capacité qui lui est prêtée de comprendre génétiquement les points de vue qui lui sont subordonnés[28].

Je n'entends nullement prétendre qu'aucune modification ne se peut enregistrer entre la conception de l'architectonique du système qui prévalut pendant la période iénéenne et le tableau des points de vue figurant dans l'*Initiation à la vie bienheureuse.* Au contraire, on note des différences criantes concernant en particulier l'éthique, avec l'introduction d'une distinction entre moralité inférieure et moralité supérieure[29]. Comme cela ne touche pas directement le sujet qui nous occupe, je ne m'y attarderai pas. Remarquons simplement que, puisque, dans les œuvres de l'époque iénéenne, le point de vue éthique, tel qu'il est élaboré dans le *Système de l'éthique*, était considéré comme supérieur au droit, son ravalement, dans l'*Initiation à la vie bienheureuse*, au point de vue légaliste n'implique nullement un rabaissement du droit, bien au contraire.

En conclusion, même s'il n'existe pas, pour l'époque iénéenne, de tableau comparable à celui que l'on trouve dans l'*Initiation à la vie bienheureuse*, présentant l'architectonique du système selon un

27. Concernant la construction, dans les six derniers paragraphes de la *Doctrine de la Science nova methodo*, de cette synthèse quintuple, dont la doctrine des catégories ainsi que la doctrine de l'imagination productrice, telles qu'elles sont exposées au § 17, constituent la clé, je me permets de renvoyer à mon ouvrage : *Vers la fondation de l'intersubjectivité chez Fichte, des Principes à la Doctrine de la Science Nova Methodo*, Paris, Vrin, 1993, p. 153 *sq.*

28. *VB* 178; *GA* I, 9, 112 : « La science embrasse tous ces points de transformation de l'Un [soit les quatre autres conceptions du monde dont la description a précédé] en un divers, et de l'Absolu en un relatif, complètement, dans leur ordre et leurs rapports mutuels. [...] La science dépasse l'aperçu que donne la religion, à savoir que strictement tout divers est fondé dans l'un et doit y être ramené, et parvient à comprendre le comment de ce rapport, et pour elle devient génétique ce qui pour la religion n'était qu'un fait absolu ».

29. *VB* 172-175; *GA* I, 9, 107-110.

ordre strictement hiérarchisé, il n'en est pas moins possible de recueillir de multiples indices attestant clairement d'une hiérarchie des points de vue étroitement parallèle à celle qui s'imposera ultérieurement (droit, morale, religion, science). Dès l'époque iénéenne, le droit, dans sa fonction médiatrice qu'il ne s'agit nullement de lui contester, ne peut, dans le système, occuper qu'une place fort subordonnée, tout indispensable fût-elle. Et si, à la lecture des œuvres iénéennes, certains interprètes ont pu croire à une prééminence de ce point de vue subordonné, éventuellement associé au point de vue éthique, c'est, à mon avis, à mettre au compte de l'art de Fichte de se placer dialectiquement au point de vue de la science qu'il s'attache à développer et de parvenir, dans chaque cas, à donner l'impression d'un point de vue achevé sur le monde. Ainsi, pourquoi ne pas en rester au droit ? La morale n'est en effet pas plus nécessaire au droit que la religion ne l'est au droit et à la morale, ou que la science ne l'est à tous les autres points de vue. Le droit est un point de vue achevé sur le monde. Point n'est besoin de recourir à la bonne volonté, il suffit que les actions des hommes, quels qu'en puissent être les mobiles, soient extérieurement conformes aux prescriptions légales. L'homme peut très bien agir de façon conforme à la loi sans agir moralement ; de même il peut très bien agir moralement sans être inspiré par la religion. Au premier système clos du droit est venu s'ajouter celui de la morale, présentant à son tour un point de vue cohérent et achevé sur le monde. Ma thèse est qu'avant 1801, il s'en ajoute encore deux autres, le point de vue religieux, plus spécialement développé dans un exposé il est vrai de caractère seulement populaire[30], et le point de vue scientifique, couronnement du système, dans la *Doctrine de la Science nova methodo*.

J'espère avoir de la sorte contribué à clarifier la question de la place du droit dans le système fichtéen. Mais ne me suis-je pas, ce faisant, considérablement écarté du sujet ? Car enfin, en quoi les arguments mobilisés pour combattre la thèse de la centralité du droit chez le jeune Fichte vont-ils permettre d'élucider la question des rapports entre droit et nature. Contrairement peut-être aux apparences, l'apport est considérable, à tout le moins sur un plan

30. *Cf.* ci-dessus, note 8.

méthodologique, eu égard en tout cas à la façon ordinaire de lire le *Fondement du droit naturel.* Il ressort en effet de ce qui a été dit que, en dépit de ce qui est constamment répété dans la littérature secondaire, la doctrine du droit n'a pas l'apanage de la doctrine de l'intersubjectivité, puisqu'on retrouve une telle doctrine aussi bien dans l'éthique, dans la philosophie de la religion et dans la science, nonobstant les différences liées aux points de vue respectifs. En particulier, elle n'a pas le monopole de cette partie de la doctrine de l'intersubjectivité que l'on peut appeler déduction de la reconnaissance d'autrui et qui inclut la déduction notamment du corps propre, du corps articulé d'autrui, de la nature, que l'on peut regrouper sous le terme de « phénoménologie de la liberté ». Si donc l'on veut traiter du sujet « Droit et nature chez Fichte », il est capital de préciser à partir de quel point de vue on le fait, en étant conscient qu'à chaque point de vue sur le monde correspond une autre conception de la nature, et que si c'est le point de vue juridique qu'on adopte, on la considère d'un point de vue sans doute légitime mais fort subordonné. Plus précisément, le concept de nature est, dans le droit, entendu dans l'acception qu'il a pour le sens commun, et cette acception est sans doute légitime puisque la science a légitimé le point de vue de la conscience commune, mais, dans sa vérité même, ce concept reste opaque, tant qu'il n'est pas rattaché à son support transcendantal.

LE JUSNATURALISME FICHTÉEN

Après avoir cherché à assigner la place de la discipline matérielle particulière du droit dans le système fichtéen, ce qui m'a conduit à énoncer cette remarque méthodologique que je tiens pour capitale, je me propose maintenant de passer à la seconde partie, dans laquelle je m'efforcerai d'esquisser les principales caractéristiques de l'approche jusnaturaliste propre à Fichte.

Pour comprendre ce qui caractérise en propre la doctrine du droit, il convient de revenir sur le rapport de dépendance qu'elle entretient à l'égard de la métascience que constitue la Doctrine de la Science. Où se situe exactement le passage de la partie principielle du système à la discipline matérielle particulière du droit ? La question de la ligne de démarcation entre la science de la science et les sciences particulières qu'elle doit fonder est explicitement thématisée dans les cours zurichois et dans le *Concept*. C'est précisément pour préciser cette frontière que Fichte introduit dans les cours zurichois sa fameuse distinction entre *Tathandlung* et *Tatsache*. Les propositions de la Doctrine de la Science, exprimant des *Tathandlungen*, deviendraient les principes des sciences particulières, dès lors que, détachées du support expérimental qui avait présidé à leur construction, elles sont posées comme de simples *Tatsach*en [31]. Dans le *Concept*, Fichte renonce à l'opposition *Tathandlung-Tatsache*, à laquelle il substitue celle d'action libre-action déterminée, déjà introduite dans les cours zurichois pour spécifier l'articulation recherchée [32] : « Dans le principe d'une science particulière devrait être déterminée une action que la Doctrine de la Science aurait laissée libre » [33].

Il convient de noter qu'au moment de la rédaction de ces textes, Fichte n'avait pas encore commencé d'élaborer le *Fondement du droit naturel* et que la science qu'il invoque régulièrement en exemple pour illustrer cette façon d'articuler la Doctrine de la Science et les sciences particulières qui lui sont subordonnées est la géométrie [34]. Or, on peut se demander si ce modèle vaut également de l'articulation entre la Doctrine de la Science et la science juridique. Quel est, en effet, dans la doctrine du droit, le pendant de la ligne et du point dans la géométrie ? Quelle est la *Tatsache* ou l'action déterminée qui, dans la Doctrine de la Science, serait *Tathandlung* ou action libre ?

Que, dans le cas de la doctrine du droit, la situation soit plus complexe que dans celui de la géométrie, c'est ce que semble clairement indiquer ce passage de l'Introduction du *Fondement du droit naturel* dans lequel Fichte écrit que le concept du droit serait déduit comme « condition de la conscience de soi » [35]. Ce passage tout à fait curieux ne relance-t-il pas la question du statut du droit

31. *ZV*, feuillet 11v.

32. *ZV*, feuillet 38v *sq*.

33. Concept, p. 53 ; *GA* I, 2, 134.

34. *Cf.* notamment *ZV*, feuillet 13v, et *Concept*, p. 53 ; *GA* I, 2, 135.

35. *DN* 23 et 27 ; *GA* I, 3, 319 et 322.

en inversant le rapport de dépendance ? La Doctrine de la Science, jusqu'ici présentée comme clé de voûte de tout l'édifice du savoir, science suprême à laquelle les autres sciences auraient à emprunter leur principe, n'est-elle pas à son tour rendue dépendante d'une science encore supérieure qui lui fournirait sa condition ? Il y a là sinon une anomalie, du moins une importante difficulté à lever, dont la solution apportera un éclairage décisif sur la vraie nature du droit.

Remarquons pour commencer que, dans le *Fondement du droit naturel*, le terme de « déduction » est apparemment utilisé exactement dans le même sens que dans l'exposé de la Doctrine de la Science qui lui est contemporain : déduire A signifie montrer que A est condition de la conscience de soi [36]. Bien, mais alors en quel sens peut-il, d'une façon générale, y avoir « déduction » dans la doctrine du droit, dès lors que la tâche de la partie principielle était d'énumérer de façon exhaustive les conditions de la conscience (objet de la première partie de la *Doctrine de la Science nova methodo*), de façon à pouvoir, par la combinaison de ces diverses conditions, reconstruire artificiellement la conscience (objet de la seconde partie de cette œuvre) ?

De deux choses l'une : ou bien il s'avère que la liste des conditions transcendantales de la conscience énumérées dans la première partie de la *Doctrine de la Science nova methodo* n'est pas exhaustive, et, comme l'exhaustivité est l'unique garantie de la justesse du système, c'est le système entier qui est menacé d'écroulement. Cette fatale inconséquence serait bien déconcertante, étant donné la contemporanéité des deux œuvres et le fait que, dans cet exposé de la Doctrine de la Science, Fichte use de toute une mise en scène pour focaliser l'attention précisément sur l'exhaustivité de ces conditions en mettant en évidence un cercle vicieux auquel on ne parvient à échapper que grâce à une condition suprême [37]. Compte tenu de cet effet de dramatisation délibérément recherché

36. *Cf. DN* 23; *GA* I, 3, 319 : « De [telle] action déterminée, le philosophe doit montrer qu'elle est une condition de la conscience de soi – ce qui constitue la déduction de ce concept ».

37. *Cf.* I. Radrizzani, *op. cit.*, p. 97-101.

par Fichte, l'hypothèse d'incomplétude paraît si invraisemblable que je pense pouvoir l'écarter.

Ou, second terme de l'alternative, force est d'admettre que, malgré les apparences, le terme de « déduction » n'est pas utilisé dans le même sens, et c'est bien, me semble-t-il, la solution à laquelle il convient de se ranger. En effet, le concept de droit n'est pas condition de la conscience au même titre que, par exemple, le sentiment, l'intuition, le concept, l'espace, le temps, etc., car on peut bien penser l'éveil de la conscience sans le concept de droit, alors qu'on ne peut le penser sans, par exemple, l'existence d'autrui.

En quel sens le concept du droit peut-il alors être dit « condition de la conscience de soi », sans que cela ne contredise la prétention d'exhaustivité de la partie principielle du système? C'est au sens non pas où il ajouterait une nouvelle condition à la liste établie dans la science supérieure, mais où il trouve le moyen de résoudre des contradictions qui pourraient surgir entre des conditions appartenant à cette liste. Il convient d'insister sur la nature conceptuelle du droit. Le droit n'apporte pas une nouvelle condition, mais un modèle de règlement des conflits entre des conditions potentiellement contradictoires. La Doctrine de la Science s'est contentée de recenser les conditions transcendantales de la conscience et de recomposer artificiellement la conscience par la combinaison de ces ingrédients, mais sans s'interroger sur leur compatibilité. C'est ainsi qu'elle a déduit la nécessité de l'existence d'au moins un être raisonnable libre hors du moi, source de la sollicitation nécessaire à l'éveil de la conscience – ce qui suffisait à son objet qui est de fonder le savoir –, mais sans prêter attention au conflit qui doit nécessairement surgir de la coexistence d'êtres libres au sein d'une même nature. Si le problème de la limite à fixer au déploiement des multiples activités libres qui se croisent dans la nature n'avait pas de solution, en sorte que l'homme ne trouve à exercer sa liberté, condition transcendantale de la conscience, qu'au prix de l'annihilation des êtres raisonnables libres hors de lui, dont l'existence est une autre condition transcendantale de la conscience – en quelque sorte mis à demeure, pour réaliser sa nature libre, de supprimer sa propre condition de possibilité –, l'incompatibilité patente des conditions recensées s'avérerait fatale et ruinerait le système entier. C'est en ce sens que la doctrine du droit, censée spécifier des propositions restées indéterminées dans la science supérieure en élaborant un modèle consistant de conciliation entre des conditions possiblement contradictoires, constitue bien une condition de la conscience. Il s'avère ainsi que le rattachement de la science juridique à la Doctrine de la Science se laisse bien penser comme un cas particulier du modèle proposé dans les cours zurichois et dans le *Concept*, faisant fond sur l'opposition entre action libre et action nécessaire, l'action laissée indéterminée au niveau de la science supérieure étant la détermination de la sphère à laquelle l'individu doit, en vertu de la tâche d'auto-limitation transmise dans le concept de la sollicitation, borner ses actions libres. Plus précisément, le moi ne peut se poser qu'avec liberté absolue, mais, selon la théorie de la sollicitation, il ne peut se poser avec liberté absolue que comme liberté limitée, reconnaissant qu'il n'est pas toute la liberté et devant donc limiter sa liberté par celle des autres ; or, ce qui, dans la science supérieure, est resté indéterminé, est la quantité de cette limite à fixer. Le but de la science juridique est donc la quantification de cette limite que la liberté doit librement s'imposer, sans renoncer à elle-même ni supprimer la liberté d'autrui qui est sa propre condition.

La nature du conflit à résoudre détermine la nature de la science chargée de le résoudre. La nature du conflit juridique est intrarationnelle. Les conditions de l'exercice humain de la rationalité comprennent une contradiction que seule une solution rationnelle permettra de lever. Toute solution qui ne serait pas déductible *a priori* et qui ne ferait pas fond sur la liberté s'avère ainsi inadéquate. Foin donc de toute jurisprudence et de toute casuistique. Le droit chez Fichte sera un droit naturel, métapositif, parce que la nature de l'homme est non seulement la source des conflits, mais la source de résolution des conflits. « C'est la nature, écrit Fichte, qui voulait plusieurs êtres raisonnables et libres coexistant dans le monde sensible, en produisant plusieurs corps capables de recevoir la formation à la raison et à la liberté. [...] Elle ne pouvait avoir d'autre plan que celui de faire en sorte que des êtres libres doivent subsister les uns à côté des autres »[38].

38. *DN* 108 ; *GA* I, 3, 389-390.

En déduisant le concept permettant de penser sans contradiction la coexistence d'êtres raisonnables libres en tant que tels, et en conjurant la menace qu'une contradiction entre les conditions transcendantales de la conscience faisait planer sur tout le système, le droit naturel remplit une fin de la nature, si tant est que l'on puisse prêter des fins à la nature.

La théorie de la propriété

J'aborde maintenant la troisième partie de mon exposé, qui concernera spécifiquement l'articulation entre droit et nature, cela au travers de la théorie de la propriété, laquelle illustre de façon exemplaire l'originalité de l'approche fichtéenne en matière de philosophie juridique.

Le problème majeur de la philosophie juridique, compte tenu de sa nature déductive, est de rejoindre la réalité. Fichte insiste à de nombreuses reprises sur son intention de fonder une science réelle et non seulement formelle, et il n'est pas étonnant que la problématique de l'application commande la structure de l'œuvre entière. En tant que science, la philosophie du droit doit être rattachée au reste du savoir, et cela seul suffit à expliquer la nécessité de sa forme déductive. En tant que la science effective relève également de la science, elle ne pourra donc être qu'une science appliquée, puisque c'est grâce à son appui sur des principes purs qu'elle mérite le nom de science. Si, par exemple, Fichte estime nécessaire de faire précéder la déduction des droits dans une communauté par la déduction des droits originaires, dont il souligne expressément le caractère purement fictionnel[39], c'est que l'approche spéculative a une fonction fondatrice[40]. À ce titre, les droits originaires sont peut-être une « fiction », mais ils sont une fiction nécessaire « en vue de la science »[41].

39. *DN* 127; *GA* I, 3, 404 : « Un droit originaire est [...] une simple fiction ».

40. *DN* 126; *GA* I, 3, 403 : « Une [recherche sur les droits originaires] doit précéder la recherche des droits dans une communauté, et la fonder ».

41. *DN* 127; *GA* I, 3, 404 : « Un droit originaire est [...] une simple fiction, mais elle doit, en vue de la science, nécessairement être forgée ».

La théorie de la propriété nous place au niveau de la science effective. En effet, dans le contrat de propriété, il s'agit de fixer *positivement* la limite de l'usage légitime de la liberté d'un individu en lui attribuant la jouissance exclusive d'une partie déterminée du monde sensible comme sphère d'action, de façon à éviter les perturbations résultant de la coexistence avec les autres individus exerçant leurs effets au sein d'un monde commun. En tant que la science juridique s'avère capable de produire une telle détermination positive de la limite à fixer, elle démontre la possibilité d'une application du droit pur et relève du droit naturel appliqué. Mais, en vertu de ce qui précède, c'est à un niveau supérieur qu'ont été établis les principes en vertu desquels s'opère cette application. Aussi est-ce dans la doctrine des droits originaires que la doctrine de la propriété trouve son fondement et qu'est opéré le départ entre les différentes théories sur la propriété concurrentes.

En quoi la fiction propre au droit originaire consiste-t-elle et d'où lui vient cette prodigieuse force théorique qui lui permet d'écarter les autres systèmes ? Le droit originaire est le droit qui revient à tout homme en vertu de sa seule nature libre et raisonnable [42] et abstraction faite de la communauté au sein de laquelle il devait nécessairement se trouver pour parvenir à la conscience [43]. Il s'agit d'un droit absolu, qui, comme tel, ne peut être remis en cause par tous les contrats qui pourraient être conclus et qui sert par là de garde-fou, de critère, pour juger de la légitimité des contrats conclus ou à conclure. Le droit originaire est donc bien le produit d'une abstraction, puisque l'homme ne peut être pensé en dehors d'une communauté [44], mais cette abstraction offre en

42. *DN* 204 ; *GA* I, 4, 6 : « Avant le contrat [donc avant d'être placé sous le régime des droits dans une communauté], nul ne peut alléguer d'autre fondement juridique pour posséder la chose en litige que sa nature libre et raisonnable ; mais tous les êtres libres peuvent alléguer le même fondement juridique [soit les droits originaires] ».

43. *DN* 137 ; *GA* I, 3, 412 : « Dans la déduction du droit originaire, on se représente une personne isolée dans le monde sensible ».

44. *DN* 126 ; *GA* I, 3, 403 : « Des êtres libres ne peuvent absolument être pensés conjointement sans que leurs droits se limitent l'un l'autre réciproquement, donc sans que le champ de leurs droits originaires se change en celui des droits dans une communauté ».

même temps les principes qui devront être respectés pour que le contrat soit juridiquement valide, en même temps que les exigences auxquelles peut prétendre tout homme en vertu de sa simple nature raisonnable. Plus précisément, le concept de droit originaire est un « concept simplement formel »[45], qui, au niveau de la science effective, devra recevoir une détermination plus précise.

Or, en quoi consiste ce droit originaire? Est, dans la philosophie juridique, un « droit » ce qui est requis comme condition de possibilité de la coexistence d'êtres libres. À ce titre, les conditions de la liberté – dans le *Droit naturel*, Fichte parle également de « conditions de la personnalité » en entendant par « personne » un individu raisonnable libre[46] – sont des droits, puisque la philosophie juridique a pour tâche d'expliquer la coexistence d'êtres libres en tant que tels. Fichte appelle « originaires » les droits qui sont contenus dans le simple concept de liberté, antérieurement à et indépendamment de tout contrat, autrement dit les droits que l'on tire « de la simple analyse du concept de personnalité »[47].

Or, dans le concept de liberté sont compris non seulement la faculté de former par absolue spontanéité des concepts de la causalité possible mais également le fait qu'à ce concept corresponde dans l'expérience l'objet qui a été pensé par là. Le droit originaire qui s'en déduit est le « droit absolu de la personne d'être uniquement cause dans le monde sensible (de n'être absolument jamais un effet) »[48]. Ce qui, dans le droit originaire, reste indéterminé est l'extension de la sphère d'application de la libre causalité[49]; or, comme le sujet n'est, originairement, soit antérieurement à et indépendamment de tout contrat, tenu de reconnaître aucune limite, il a originairement un droit à toutes les actions qui se

45. *DN* 128; *GA* I, 3, 404.

46. *DN* 109; *GA* I, 3, 390.

47. *Ibid.*

48. *DN* 128; *GA* I, 3, 404.

49. *DN* 128; *GA* I, 3, 405 : « Quant à la quantité, ce qui est conçu [dans le concept de droit originaire] n'a aucune limite, mais est, selon sa nature, infini, parce qu'il n'est question, somme toute, que du fait que la personne doit être libre, mais non pas du point jusqu'où elle doit l'être ».

trouvent dans la sphère de son action possible, soit potentiellement à l'ensemble du monde sensible. De plus, comme l'effet qu'il entend produire dans le monde sensible ne saurait être entravé de quelque façon que ce soit, sans quoi il ne serait pas absolument libre, son droit originaire est de trouver l'ensemble du monde sensible intact, c'est-à-dire non transformé, faute de quoi son activité, qui s'oriente d'après sa connaissance, serait « désorientée » ou « empêchée de déployer librement sa causalité »[50]. Notons que, par « transformation », Fichte entend uniquement les transformations librement produites par d'autres êtres raisonnables et, comme telles, imprévisibles, et non les modifications naturelles, produites selon des lois immuables, qu'une connaissance suffisante de la nature lui eût permis de prévoir[51].

En vertu de ce droit originaire, tout homme, de par sa simple nature d'être libre et raisonnable, peut légitimement élever des prétentions sur l'ensemble du monde sensible. Originairement, la propriété de chacun est potentiellement la nature entière comme sphère de ses fins, et cela, qu'il l'ait actuellement transformée ou qu'il se soit abstenu d'une telle transformation, cette abstention constituant à elle seule un acte d'appropriation en élevant la partie du monde sensible à l'égard de laquelle il s'est abstenu d'opérer une transformation au rang de sphère d'action possible[52].

La puissance corrosive de ce principe, qui permet à Fichte de renouveler entièrement le débat sur le droit de propriété, tient à sa radicalité et à son universalité. C'est ainsi que la distinction entre droit d'appropriation et droit de propriété se voit retirer tout sens. Comme l'a très justement remarqué Jean-Christophe Merle, si je suis virtuellement propriétaire du monde entier, toute appropriation est nécessairement un vol dès lors que je puis supposer l'existence d'un autre homme[53] (laquelle est nécessairement requise comme condition de possibilité de la conscience). Puisque chacun est légitimé à élever des prétentions sur l'ensemble du

50. *DN* 131 ; *GA* I, 3, 407.

51. *DN* 130-131 ; *GA* I, 3, 406-407.

52. *DN* 130 ; *GA* I, 3, 406.

53. Jean-Christophe Merle, *Justice et progrès*, Paris, PUF 1997, p. 155.

monde, il y a nécessairement conflit juridique dès lors qu'il y a plusieurs personnes, et ce conflit juridique demande à être positivement réglé par la fixation d'une limite. Aussi, nul ne peut chercher à tirer avantage, au moment de l'établissement d'une relation juridique sous la forme par exemple d'un contrat de propriété, de possessions qu'il aurait acquises antérieurement, puisqu'il n'y a pas davantage droit que tout autre.

On voit apparaître l'utilité des deux niveaux distingués par Fichte. Le recours à la fiction du droit originaire fonde un droit égal de chacun à une propriété dont l'extension reste indéterminée. Ce stratagème sert ainsi à poser les soubassements d'un système juridique foncièrement égalitariste. Bien sûr, il n'est pas possible d'en rester au niveau du droit originaire, puisque l'existence d'autrui requise comme condition de la conscience de soi rend nécessaire une détermination de l'extension des propriétés en sorte d'harmoniser les prétentions virtuellement conflictuelles respectives. Mais l'égalité principielle qu'établit le droit originaire pose un principe égalitariste qu'il s'agira de respecter au moment de la répartition des propriétés.

Les droits originaires de chacun ne sont compatibles que moyennant la fixation d'une limite positive à leur application légitime. C'est dans cette question de la détermination d'une limite positive que se joue le statut du droit naturel. Il s'agit en effet de savoir si le droit naturel *stricto sensu*, c'est-à-dire tel qu'il se déduit de la nature raisonnable de l'être humain fictivement considéré isolément, est à même de fournir une telle limite positive, question que Fichte formule de façon plus radicale : « Un droit naturel *stricto sensu* est-il possible ? », entendant par là « une science de la relation juridique entre des personnes en dehors de l'État, et sans loi positive »[54]. À cette question, Fichte répond de façon résolument négative[55], car s'il est bien loisible de penser un système en lequel les droits originaires de chacun s'harmoniseraient parfai-

54. *DN* 114-115; *GA* I, 3, 395.

55. *DN* 162; *GA* I, 3, 432 : « Il n'y a […], au sens où l'on a pris souvent le terme, aucun droit naturel, c'est-à-dire qu'il n'est pas de relation juridique possible entre des hommes, si ce n'est dans une communauté et sous des lois positives ».

tement, en sorte que chacun limite spontanément sa sphère d'activité de manière à ne pas interférer sur celle d'autrui, et que nul ne transgresse cette sphère librement auto-prescrite, une telle solution, qui fait fond sur la bonne volonté de chacun et qui, comme telle, ressortit à la morale, n'a rien de juridique et, de surcroît, ne convient pas à la nature humaine, qui n'est pas morale par elle-même et demande préalablement à être éduquée à la moralité [56].

Cet échec, ou plutôt cette insuffisance du droit naturel, et la nécessité, pour établir par exemple le contrat de propriété, de recourir au droit politique, ne signifient nullement l'abandon du droit naturel, bien au contraire, puisque le droit politique va uniquement apporter cette limite positive que le droit naturel était incapable de fournir, sans pour autant sortir du cadre posé par celui-ci, en d'autres termes sans déroger au droit originaire. En ce sens, le droit politique n'est et ne peut être rien d'autre qu'une application du droit naturel, et c'est en ce sens que Fichte peut écrire que « l'État lui-même devient l'état de nature de l'homme et [que] ses lois ne doivent être rien d'autre que le droit naturel réalisé » [57].

C'est donc à la société d'établir un contrat de propriété ; le contrat de propriété fait d'ailleurs chez Fichte partie intégrante du contrat social, ce qui implique que la société doit accorder et garantir une propriété à chacun. La médiation de la société, en rendant possible l'application effective de la contrainte, résout sans doute une partie de la difficulté rencontrée au niveau du droit naturel pur en permettant une relation proprement juridique, c'est-à-dire qui ne soit pas fondée sur la bonne volonté. La solution n'est toutefois que partielle, car le problème de la limite positive à fixer demeure. La stratégie de Fichte ne va pas consister à fixer de façon absolue la limite de la propriété à assigner à chacun, limite susceptible au demeurant de changer à chaque

56. *DN* 162-163; *GA* I, 3, 432 : « Pour une espèce d'êtres qui seraient parfaitement moraux, il n'y a pas de loi juridique. Que l'homme ne puisse constituer cette espèce, c'est bien clair, ne serait-ce que du fait qu'il lui faut être éduqué à la moralité et s'y éduquer lui-même ; qu'il n'est pas moral par nature ».

57. *DN* 163 ; *GA* I, 3, 432.

instant en fonction de la richesse globale du monde (liée à des facteurs démographiques, monétaires, etc., et dont il faudrait tenir compte dans un processus constant d'optimisation si l'on voulait une répartition absolument juste des propriétés), mais la limite minimale qui doit être garantie par la société pour que le contrat de propriété satisfasse aux exigences du droit originaire. Le droit originaire prescrivait que chacun soit absolument libre dans une sphère qui restait indéterminée, il s'agit maintenant de déterminer l'extension minimale de cette sphère de liberté absolue. Sur ce point, le droit originaire reste muet. Dans le droit naturel appliqué, nous nous trouvons une nouvelle fois renvoyé à la nature de l'homme, à l'homme non plus comme être raisonnable libre, mais comme être sentant. C'est finalement dans une donnée anthropologique que la philosophie juridique trouve le critère nécessaire à son application. Ce critère est la capacité de subvenir à ses besoins. Est consacré « propriété absolue et inaliénable de tous les hommes » ce qui est réputé nécessaire pour subvenir aux besoins vitaux, tels la faim et la soif[58]. L'homme doit « pouvoir vivre » de l'exercice de son activité dans la sphère qui lui a été attribuée en propre, et cette limite minimale, à savoir la capacité à pouvoir vivre de son travail, est le seuil inférieur en dessous duquel le droit originaire n'est plus respecté et le contrat de propriété n'est plus légitime. « Chacun ne possède sa propriété de citoyen que pour autant et à la condition que tous les citoyens puissent vivre de la leur »[59], en sorte que la société, qui se porte garante de la propriété de chaque citoyen se voit impartie la tâche de surveiller les conditions de vie de ses citoyens et de procéder, le cas échéant, à une redistribution des propriétés, dès lors que le seuil minimal ne serait plus atteint.

Parvenu au terme de ce parcours trop rapide, on remarque que le *Fondement du droit naturel* est construit de part en part sur la nature de l'homme comme être raisonnable fini, telle qu'elle a été transcendantalement déduite dans la science supérieure dont dépend la philosophie juridique. Le droit naturel pur se fonde sur

58. *DN* 223 ; *GA* I, 4, 22.

59. *DN* 224 ; *GA* I, 4, 22-23.

la nature de l'homme comme être raisonnable libre. Ce droit naturel pur, simple fiction destinée à poser les fondements de la science juridique, s'avère incapable de fonder une science réelle. Cela ne signifie pas qu'il faut mettre le droit naturel aux oubliettes, bien au contraire. Et le droit politique à qui il cède la place mérite à double titre d'être appelé « droit naturel », d'abord parce qu'il ne consiste qu'en une application du droit naturel pur (c'est pourquoi Fichte l'appelle également le « droit naturel réalisé »), mais également parce qu'il s'appuie également sur la nature de l'homme, dans ce cas de l'homme comme être sujet aux besoins. Et c'est précisément ce fondement anthropologique qui fournit en dernière instance le critère positif dont la philosophie juridique a besoin pour devenir une science réelle, dénouer réellement et non pas seulement formellement l'épineuse question de la conciliation entre les conditions transcendantales de la conscience possiblement contradictoires, et pour écarter ainsi le danger qui menaçait l'ensemble du système.

On voit ainsi que le droit est de part en part l'instrument et le jouet de la nature. C'est en effet la nature qui est en quelque sorte la source du problème que le droit a pour mission de résoudre. Je rappelle la citation utilisée plus haut : « C'est la nature qui voulait plusieurs êtres raisonnables et libres coexistant dans le monde sensible, en produisant plusieurs corps capables de recevoir la formation à la raison et à la liberté », son plan étant « de faire en sorte que des êtres libres doivent subsister les uns à côté des autres »[60]. C'est également la nature qui, produisant des hommes qui ne sont pas moraux par eux-mêmes, mais seulement « capables de recevoir la formation à la liberté », a fait en sorte que le rapport de coexistence à instaurer doive d'abord prendre une forme proprement juridique, qui a donc fait que le droit naturel pur doive être complété par un droit politique, et que la première forme de communauté se fasse sous l'égide et la férule d'un État : « La nature rassemble à nouveau dans l'État ce qu'elle séparait par la production d'une pluralité d'individus. La raison est une, et sa présentation dans le monde sensible n'est elle aussi qu'une; l'humanité est un tout unique, organisé et organisant, de la raison.

60. *DN* 108; *GA* I, 3, 389-390.

Elle était séparée en de multiples membres indépendants les uns des autres; déjà l'organisation naturelle de l'État abolit préalablement cette indépendance et fusionne des foules différenciées en un tout, jusqu'à ce que la moralité transforme l'espèce tout entière en un seul être »[61]. Enfin, c'est encore la nature qui, pour être certaine de parvenir à ses fins, a « pris des dispositions sûres »[62] pour permettre la fixation positive de cette limite sans laquelle le droit naturel resterait une science sans application et la réalisation de la communauté confiée à une improbable moralité.

On peut s'étonner de cette personnalisation de la nature, qui se voit attribuer des fins, des intentions, et qui semble occuper la place qui, dans d'autres parties du système, sera dévolue à Dieu, mais il ne faut pas oublier que nous nous trouvons ici dans le cadre de la philosophie du droit, qui n'a affaire et ne peut avoir affaire qu'aux phénomènes. Or, de même que le corps est « le représentant du Moi dans le monde sensible »[63], de même la nature – que le droit, du point de vue qui est le sien, doit nécessairement se représenter comme existant réellement hors du Moi, mais dont la *Doctrine de la Science nova methodo* a montré qu'elle est le produit de la sensibilisation du vouloir pur grâce à l'imagination productrice – est en quelque manière la traduction dans l'ordre phénoménal de ce vouloir pur qui, dans la *Destination de l'homme*, sera appelé Dieu. Enfin, pour comprendre ce jeu de la nature avec le droit dont le *Fondement du droit naturel* est le théâtre, il convient, comme j'en faisais la remarque à la fin de la première partie, de quitter le point de vue de la discipline matérielle particulière du droit et de l'examiner d'un point de vue supérieur, tel celui de la philosophie de la religion ou de la Doctrine de la Science.

61. *DN* 214; *GA* I, 4, 14.

62. *DN* 222; *GA* I, 4, 21.

63. *DN* 129; *GA* I, 3, 405.

Le droit pénal chez Fichte

Jean-Christophe MERLE

La dichotomie classique dans la discussion sur la justification du droit pénal oppose au rétributivisme, qui entend ne fonder la peine que dans le fait de l'avoir méritée, les théories dites conséquentialistes, qui assignent à la peine un but qui peut être soit la prévention du crime auprès des autres citoyens (prévention générale) ou auprès du criminel lui-même (prévention spécifique), soit l'amendement du criminel. La prévention générale se divise à son tour en une prévention par la menace de la peine et une prévention par la publicité de l'exécution de la peine, c'est-à-dire par l'exemple.

Comme on sait, Kant et Fichte adoptent le même concept de droit, quoiqu'ils ne le déduisent certes pas de la même manière. Or Kant et Fichte développent des théories du droit pénal très différentes. C'est pourquoi il me paraît intéressant non seulement de comparer ces théories entre elles, mais aussi de les comparer au concept du droit dont elles prétendent toutes les deux être déduites.

La théorie du droit pénal de Kant est celle qui est toujours citée comme offrant l'exemple par excellence du rétributivisme et la plus solide argumentation en sa faveur. Depuis deux décennies, cependant, les interprètes de Kant ont montré que Kant adoptait une thèse mixte[1], faisant la plupart du temps de la prévention générale par la menace de la peine la justification de l'*existence* de la peine, et du principe rétributif du talion la justification du *montant* de la peine. J'ai ailleurs critiqué le rétributivisme développé par Kant, autant dans sa version classique de justification de la peine que dans sa version récente de justification du montant de la peine. Dans ce qui suit, je n'évoquerai que brièvement ce rejet que Fichte effectue lui aussi pour la *justification* du montant de la peine, même si Fichte adopte le principe du talion pour *déterminer* ce même montant. Dès le chapitre du *Fondement du droit naturel* consacré au droit de contrainte, Fichte développe le côté de la théorie mixte de Kant qui est traditionnellement oublié : la prévention générale par la menace. Mais sa propre théorie est apparemment mixte, comme l'ont déjà montré les interprètes : elle mêle à une théorie de la prévention générale par la menace une théorie de la prévention spécifique, de l'amendement et de la réintégration du criminel. Dans ce qui suit, je m'attacherai à montrer que la prévention générale par la menace ne correspond pas au concept kantien et fichtéen du droit et que le § 20 du *Fondement*, consacré à la législation pénale, viendra contredire un an plus tard le chapitre sur le droit de contrainte et adoptera, à mon sens une théorie de la prévention spécifique et de la resocialisation, quoique sans abandonner explicitement la théorie précédente.

L'ABSENCE D'ARGUMENTS PROPREMENT JURIDIQUES À L'APPUI DU RÉTRIBUTIVISME

Rappelons brièvement la manière dont Kant argumente en faveur d'une justification rétributiviste du droit pénal. Le § 49E de la *Doctrine du droit* de Kant défend une position rétributiviste, et plus

1. Voir D. E. Scheid, *Kant's retributivism*, in *Ethics* 93, 1983, p. 262-282; S. Byrd, *Kant's theory of punishment : Deterrence in ist threat, retribution in ist execution*, in *Law and Philosophy* 8 (2), 1989, p. 153-200; S. Holtman, *Toward social reform : Kant's penal theory reinterpreted*, in *Utilitas* 9, 1997, p. 3-21; Th. E. Hill, *Kant on Punishment : A coherent mix of deterrence and retribution ?*, in *Jahrbuch für Recht und Ethik. Annual Review of Law and Ethics* 5, 1997, p. 291-314; O. Höffe, *Vom Straf- und Begnadigungsrecht*, in O. Höffe (éd.), *Kant. Rechtslehre*, Berlin, Akademie-Verlag, 1998, p. 213-233.

précisément la loi du talion qui demande de « rendre la pareille »[2]. Kant ne le fait pas en proposant une justification directe de ce principe, mais en arguant du manque de solution alternative acceptable à ce principe[3]. Il invoque en faveur de sa position une des formules de l'impératif catégorique : « Agis de telle sorte que tu traites l'humanité aussi bien dans ta personne que dans la personne de tout autre toujours en même temps comme une fin, et jamais simplement comme un moyen »[4]. Kant applique cette formule de l'impératif catégorique au cas du criminel : « [...] l'homme ne peut jamais être traité comme un simple moyen pour les desseins d'autrui, ni être confondu avec les objets du droit réel, ce contre quoi le protège sa personnalité innée, quoi qu'il soit bel et bien susceptible d'être condamné à perdre sa personnalité civile »[5]. Kant affirme alors que seul le retributivisme de la loi du talion respecte cette formule. Toutes les autres théories du droit pénal traitent le criminel comme un simple moyen. Je ne développerai pas ici le fait que le rétributivisme proposé par Kant et plus précisément les peines qu'il recommande enfreignent cet impératif, ce que Hermann Cohen relevait déjà pour la peine de mort[6], et qui vaut également pour la réduction en esclavage, par exemple, ces deux peines allant directement à l'encontre du traitement du criminel comme une fin en soi. Je me contenterai d'indiquer que l'argument de Kant me semble concluant dans le cas de théories qui adopteraient la prévention générale, par l'exemple ou par la menace, comme justification première de la

2. Dans ce qui suit, je citerai toujours Kant dans l'édition de l'Académie de Berlin, avec le numéro de tome et la page, puis dans l'édition de la Pléiade, précédée de la mention PL. En l'occurrence : *Doctrine du droit*, VI, 332, PL. III, 602.

3. Sur ce point et sur ce qui concerne Kant dans la suite de cet article, voir J.-Ch. Merle, *A Kantian Critique of Kant's Theory of Punishment*, in *Law and Philosophy*, vol. 19, n° 3, mai 2000, p. 311-338.

4. *Fondements de la Métaphysique des Mœurs*, IV, 429, PL. II, 295.

5. *Doctrine du droit*, VI, 331, PL.III, 601.

6. *Cf.* H. Cohen, *Schriften zur Philosophie und Zeitgeschichte*, éd. A. Goerland et E. Cassirer, Berlin, 1922, p. 341.

peine. En revanche, son argument me semble ne pas affecter la prévention spécifique, et l'on s'en aperçoit dès qu'on entreprend de construire le droit pénal non pas sur une formule de l'impératif catégorique en général, mais sur la base de l'impératif catégorique *juridique*, à savoir sur le concept kantien du droit, que Kant énonce ainsi : « Le droit est le concept de l'ensemble des conditions auxquelles l'arbitre de l'un peut être accordé avec l'arbitre de l'autre d'après une loi universelle de la liberté »[7]. Fichte adopte le même concept du droit : « Toute relation juridique est déterminée par la proposition : chacun limite sa liberté par la possibilité de la liberté de l'autre »[8]. Fichte considère manifestement que l'argument de Kant constitue un paralogisme grossier. En effet, Fichte a lu la *Doctrine du droit* de Kant avant de rédiger la seconde partie du *Fondement*, parue environ neuf mois après la *Doctrine du droit*[9]. Or Fichte écrit : « La peine n'est pas une fin absolue. Si on le prétend, que ce soit expressément ou en posant des propositions qui ne se peuvent énoncer qu'en supposant implicitement une telle prémisse (par exemple, le verdict sans appel, catégorique : qui a tué doit mourir), c'est qu'on ne comprend rien »[10]. Quelques pages plus loin, Fichte indique lui-même faire référence au « grand homme, néanmoins non infaillible »[11], qui a accusé Beccaria d'avoir envers les criminels la « sensiblerie compatissante d'une humanité affectée »[12], lorsqu'il écrit : « [...] on a proposé un droit pénal absolu d'après lequel la peine judiciaire doit être considérée non comme un moyen, mais comme constituant elle-même une

7. *Doctrine du droit*, VI, 230, PL. III, 479.

8. Dans ce qui suit, je ne citerai de Fichte que le *Fondement du droit naturel*, en indiquant à chaque fois la pagination de l'édition de l'Académie de Bavière par le numéro de la série et celui du tome, suivis de la page, puis la pagination de la traduction d'Alain Renaut précédée de la mention « Renaut », en l'occurrence I, 3, 411, trad. Renaut 136.

9. *Cf.* J.-Ch. Merle, *Einführung*, in J.-Ch. Merle (éd.), *Fichte. Grundlage des Naturrechts*, Berlin, Akademie-Verlag, 2001, p. 1-19.

10. I, 4, 60; Renaut 271.

11. I, 4, 76, note; Renaut 291, note.

12. *Doctrine du droit*, VI, 335; PL. III, 605.

fin, et doit se fonder sur un insondable impératif catégorique. Étant donné que, dans cette théorie, à cause de cette prétendue insondabilité, on peut se dispenser de prouver ses affirmations, on a beau jeu d'accuser de sensiblerie et d'une humanité affectée ceux qui pensent autrement »[13].

Fichte n'entend par-là en aucune façon nier que la rétribution puisse être un principe de justice. Dans la seconde édition de son *Essai d'une critique de toute révélation* (1793), il voit au contraire dans la nécessaire correspondance entre le mérite et la félicité, à savoir en Dieu, l'Etre rationnel infini, qu'il qualifie de « juste », un mobile pour l'action morale. Dans le *Fondement*, Fichte continue à affirmer : « Il n'y a donc pas matière à litige pour ce qui est de savoir si c'est une injustice envers le meurtrier que de devoir lui aussi perdre la vie de façon violente »[14]. Mais c'est pour ajouter aussitôt que la question que pose le droit pénal est « toute différente : d'où pourrait venir à un quelconque mortel le droit à ce gouvernement moral du monde, le droit d'imposer par la force son droit au criminel ? [...] Et cette question exclusivement juridique, c'est elle que Beccaria avait en tête, lui à qui sans nul doute ce jugement moral n'était pas inconnu. [...] Celui qui attribue ce droit au souverain terrestre est assurément forcé [...] de considérer tout gouvernement comme une théocratie »[15].

LE DROIT DE PUNIR COMME DROIT DE CONTRAINTE

Dans le chapitre qu'il consacre au droit de contrainte, Fichte en fait le droit de punir exercé par l'État. Or une telle définition ne va nullement de soi, comme l'illustre par exemple une comparaison avec Kant.

Beaucoup de commentateurs de Kant considèrent, sans éprouver le besoin de le justifier, que, chez Kant, le droit de punir fait directement partie du droit de contrainte, alors que Kant ne le dit,

13. I, 4, 76 ; Renaut 291.

14. *Ibid.*

15. *Ibid.*

ni ne le suggère nulle part. Or examinons d'abord en quoi consiste le droit de contrainte. Le droit de contrainte exercé par l'État est déduit du droit de contrainte qui appartient à tout homme dès lors que son droit strict est violé. Ce droit de contraindre autorise à restreindre la liberté d'un autre être humain, car, comme l'explique Kant, « Tout ce qui est injuste est un obstacle à la liberté exercée d'après des lois universelles [...]. Par suite, si un certain usage de la liberté est lui-même un obstacle à la liberté exercée d'après des lois universelles (c'est-à-dire injuste), alors, la contrainte qui va à l'encontre de cet obstacle [...] s'accorde avec la liberté d'après des lois universelles »[16], c'est-à-dire très exactement avec le concept de droit. L'exemple par excellence de ce droit de contrainte individuel est la légitime défense. L'État, à qui ce droit de contrainte est transféré, dispose de l'équivalent de la légitime défense chez l'individu, lorsqu'il fait par exemple obstacle, avec des moyens policiers, à la violation du droit au moment où l'on tente de la commettre. L'État peut aussi contraindre par l'annulation d'actes illégaux ou la saisie et la confiscation. Enfin, il peut également contraindre une fois que la violation du droit est intervenue. C'est le cas, par exemple, de la restitution d'objets volés ou du versement de compensations pour les dommages occasionnés par la violation du droit, lorsqu'une compensation est possible (ce qui n'est souvent pas le cas, l'exemple par excellence étant l'homicide). Il s'agit, au sens littéral du terme, de justice rétributive, et elle satisfait entièrement les revendications légitimes de la victime. Mais il ne s'agit nullement de punition. Tandis que Kant traite de la contrainte dès « l'Introduction » de la *Doctrine du droit*, il n'aborde le droit pénal que beaucoup plus tard, comme un simple élément de la partie qu'il consacre au droit public.

Non seulement Fichte construit le droit de contrainte comme un droit pénal, mais il diverge également de Kant au sujet du but et de la définition du droit de contrainte. Tandis que le droit de contrainte kantien s'oppose à un obstacle au droit, le droit de contraindre et de punir fichtéen a pour but d'empêcher qu'un tel obstacle apparaisse : « Si [...] les choses pouvaient être disposées

16. *Doctrine du droit*, VI, 232, PL. III, 481.

de façon que, du vouloir de chaque fin non conforme au droit, résulte nécessairement, et selon une loi ne cessant pas d'être efficace, le contraire de ce que l'on projetait, chaque volonté contraire au droit s'anéantirait elle-même. […] Il était nécessaire de mettre en place cette proposition dans toute sa rigueur synthétique, étant donné que c'est sur elle que toutes les lois de contrainte, ou lois pénales (la législation criminelle dans sa totalité), se fondent »[17]. Si l'on se rapporte aux définitions données respectivement par Kant et par Fichte, le droit de contrainte kantien intervient au plus tôt lors de la commission de la violation du droit, tandis que le droit de contrainte fichtéen est destiné à empêcher radicalement l'apparition de cette violation. Fichte affirme clairement : la sécurité des deux personnes doit dépendre non pas d'un hasard, mais d'une nécessité semblable à celle d'un mécanisme et évacuant absolument toute possibilité d'une exception. Une telle sécurité n'existe qu'à la condition que pour l'un comme l'autre la loi juridique soit la loi inviolable de leur volonté […]. À cet égard, il est significatif que, contrairement à Fichte, Kant ne parle pas de prévention par la menace, si ce n'est dans le passage sur le droit de nécessité, et encore de manière indirecte et négative.

LA PRÉVENTION GÉNÉRALE N'EST PAS LA VÉRITABLE JUSTIFICATION DE LA PEINE JURIDIQUE

Le § 20 sur le droit criminel ne traite plus de la menace, mais de la punition, ce qui présuppose que la prévention par la menace échoue au moins partiellement à éviter que soient commis des crimes. L'échec est patent, si l'on rapporte la commission du crime à l'intention de la menace rappellée dans le § 20 : « La volonté doit être réprimée par la menace […] et dès lors il n'y a jamais besoin de la peine »[18]. La punition reçoit alors pour tâche soit de préserver la crédibilité de la menace pour les personnes qui

17. I, 3, 426 ; Renaut 155 *sq.*

18. I, 4, 61 ; Renaut 271.

n'ont pas encore commis de crimes, soit elle doit trouver un autre but. Dans le premier cas, et en l'absence d'autre but, la punition revient à ne considérer le criminel que comme un moyen, et non comme une fin. Dans le second cas, elle doit trouver une autre justification que la prévention par la menace, autre justification sur laquelle repose alors l'acceptabilité normative de la prévention par la menace, de sorte que la prévention par la menace ne saurait demeurer la justification première de la peine.

Si nous examinons maintenant la thèse et l'antithèse de la déduction qui mène au « contrat d'expiation », au début du § 20, nous observons que, dans la thèse, la peine est absente, alors que l'antithèse ne renvoie plus à la même définition du droit de contrainte que le chapitre sur le droit de contrainte.

La thèse présente le crime comme une rupture du contrat social commise par le criminel, qui s'exclut ainsi de la communauté juridique. Même si l'antithèse parle de cette exclusion comme de « cette peine »[19], par opposition à « d'autres peines »[20], il devient évident qu'il ne s'agit pas d'une peine au sens juridique du terme, dès lors qu'on lit le passage consacré au sort du criminel qui est jugé ne pas être amendable et pour lequel Fichte en reste donc à la thèse qui énonce purement et simplement son exclusion de la société. Fichte souligne : « Sa mort n'est nullement une peine, mais seulement un moyen de préserver la sécurité. L'État comme tel, comme juge, ne tue pas, il abolit simplement le contrat [...]. Si par la suite, en outre, il tue, cela ne procède pas du pouvoir judiciaire, mais de la police. Cela ne résulte pas d'un droit positif, mais de la nécessité »[21].

Dans l'antithèse, il est réellement question d'une peine au sens juridique du terme, mais la « sécurité publique » qu'elle entend sauvegarder est assurée par un droit de contrainte qui n'est plus la prévention générale par la menace, mais qui est, d'une part, la prévention spécifique des criminels rendus incapables de nuire

19. I, 4, 60; Renaut 270.

20. *Ibid.*

21. I, 4, 74, Renaut 288. Je corrige la traduction de Renaut qui parle, avec un humour involontaire, de « sa sécurité » au lieu de « la sécurité ».

parce que détenus à l'écart de la population, et non pas seulement menacés de peine en cas de récidive, et surtout, d'autre part, la prévention générale par l'exemple : « La première visée de la loi pénale était de retenir le criminel de commettre le crime. Comme cette visée n'a pas été atteinte, sa punition en a une autre : celle de détourner du même crime les autres citoyens et lui-même pour l'avenir »[22].

Il est surtout remarquable que, si la prévention générale, que ce soit par l'exemple ou par la menace, était réellement le but de la peine, elle serait, la plupart du temps, mieux servie par la perspective d'une mort dans le désert et par l'exécution du criminel sans procès que par une peine de prison ou de travail forcé, par exemple. Comme Fichte prévoit l'amendement des criminels et leur resocialisation, les criminels seront libérés un jour. Or tout cas de récidive fait de la peine juridique présentée dans l'antithèse une solution moins efficace pour la sécurité, pour la prévention par l'exemple et par la menace, que ne l'est l'exclusion de la société. Pourtant l'antithèse insiste sur le fait que la peine proprement juridique ne saurait remplacer l'exclusion de la société que si la sécurité publique continue à régner. Il s'ensuit que la sécurité publique, qui devait consister, dans le chapitre sur le droit de contrainte, à empêcher mécaniquement et absolument tout crime, se trouve maintenant entendue en un sens non plus absolu, mais relatif.

Si le problème passe inaperçu c'est que, dès le chapitre sur le droit de contrainte, Fichte fixe pour la prévention par la menace un montant de la peine qui n'est pas optimal pour une telle fin : le talion, destiné à contrebalancer exactement les mobiles criminels (« le contraire de A », A étant l'action criminelle visée, « le contrepoids »[23]). Dans le § 20, Fichte renvoie au § 14, en parlant explicitement de talion comme « peine de perte égale, *poena talionis* »[24]. Sans apporter d'argument à l'appui de l'adoption du talion comme montant de la peine préventive, sinon l'image vague du contre-

22. I, 4, 61 ; Renaut 272.

23. I, 3, 426 *sq.* ; Renaut 156.

24. I, 4, 61 ; Renaut 272.

poids, donc de l'équilibre des plateaux d'une balance, Fichte affirme que la prévention générale par la menace ou par l'exemple et la prévention spécifique prescrivent toutes les deux le montant de la peine que prescrit le rétributivisme! Entre les différentes théories du droit pénal, le désaccord ne porterait donc que sur la justification et non sur le montant de la peine.

Pourtant Fichte souligne que « l'exclusion de l'État est le destin le plus effrayant que puisse rencontrer un homme »[25], et il évoque, pour la rejeter, la peine de mort précédée de tortures[26]. Il semble pourtant que la mort non officielle et la peine de mort précédée de torture constituent des menaces qui peuvent réussir dans certains cas où la menace du talion ne suffit pas à dissuader le criminel potentiel. Dans l'antithèse, Fichte indique lui-même que le talion constitue une solution plus clémente que l'exclusion de la communauté[27], de quoi nous pourrions conclure à la plus grande efficacité de l'exclusion de la communauté. Or Fichte la rejette, sans expliquer pourquoi ce rejet n'entraîne pas, d'après lui, une perte d'efficacité préventive de la peine.

C'est seulement parce que Fichte pose comme hypothèse, de manière invraisemblable et non justifiée, que la prévention par la menace ou par l'exemple trouve son optimum dans le talion que nous nous trouvons devant le résultat paradoxal suivant : la peine juridique qui assure la prévention par la menace (le talion) est plus clémente que l'absence de peine juridique (la peine non juridique de l'exclusion de la communauté). La peine n'est plus une peine, mais un allégement. L'argument de l'antithèse devrait alors être que la peine au sens juridique, si elle est moins lourde que l'absence de peine au sens juridique, et moins dissuasive, n'en est pas pour autant dépourvue de tout effet dissuasif, comme le serait

25. I, 4, 68; Renaut 281.

26. I, 4, 74; Renaut 288 *sq.*

27. A. Lazzari prétend au contraire que l'exclusion de la société fixe une limite à la peine préventive. S'il est vrai que l'exclusion de la société est plus clémente que la peine de mort accompagnée de tortures, l'exclusion de la société, suivie d'une mort certaine, demeure dans la plupart des cas un sort pire que le montant de la peine choisi par Fichte pour la prévention par la menace, à savoir le talion.

par exemple le maintien du criminel dans son statut de citoyen ordinaire, sans aucune sanction. La présence d'un effet dissuasif par la menace ou par l'exemple est certes une condition que la peine doit remplir, dans une certaine mesure, mais, comme cette condition est mieux remplie dans l'absence de peine, la dissuasion par la menace ne saurait être ce qui justifie la peine : elle justifierait plutôt l'absence de peine, à supposer encore qu'elle justifie quoi que ce soit. Dès lors, Fichte ne peut plus affirmer au sujet de l'exclusion de la communauté que, n'étant pas plus efficace pour la prévention que la peine juridique, « il n'y aurait pas de raison de l'appliquer dans de tels cas, mais jusqu'à maintenant il n'y en avait pas non plus, à vrai dire, de ne pas l'appliquer. La décision dépendait de l'arbitre »[28].

Or c'est après avoir déclaré que la peine juridique et l'exclusion sont équivalents quant à l'efficacité préventive que Fichte se tourne vers un autre critère, vers un critère subsidiaire à la prévention, afin de départager la peine juridique de la peine non juridique de l'exclusion, toutes deux étant arrivées *ex-aequo* du point de vue de l'efficacité préventive.

Ce critère subsidiaire pourrait consister à examiner ce qui découle directement du concept de droit et de la rupture du contrat social. Cela devrait d'ailleurs constituer non pas simplement un critère subsidiaire, mais la justification principale de la peine. Cette possibilité n'est, à première vue, même pas évoquée par Fichte. Or ce serait l'absence de peine et la simple exclusion de la société qui constitueraient la conséquence logique de la réciprocité dans la limitation des libertés énoncée par le concept kantien et fichtéen du droit. Il s'agirait d'une simple conséquence de la rupture du contrat social par le criminel, et non d'une mesure justifiée en premier lieu par la prévention par la menace. La prévention par la menace ou par l'exemple n'est qu'un effet secondaire, quoique important, de cette conséquence logique.

À la place de la conséquence logique du concept de droit et de la rupture du contrat, Fichte adopte comme critère subsidiaire « l'utilité mutuelle » pour l'État et le criminel du maintien de ce

28. I, 4, 60 ; Renaut 270.

dernier dans la communauté juridique malgré son crime. Le statut subsidiaire de ce critère est ce qui permet à Fichte de conserver comme « fin principale »[29] de la peine la prévention générale par l'exemple et par la menace tout au long du § 20 sur le droit pénal, la resocialisation n'étant qu'une justification secondaire de la peine.

Cependant, l'équivalence entre l'exclusion et la peine juridique du point de vue de l'efficacité préventive étant, comme nous l'avons vu, une prémisse erronée du raisonnement de Fichte, Fichte est amené à abandonner *de facto* le principe de la prévention générale qui requérait l'exclusion plutôt que la peine juridique. Certes, Fichte continue à mentionner ce principe en le prenant à son compte, mais sans argumenter en sa faveur et en n'en tirant aucune conséquence pour son développement sur les dispositions de détail du droit pénal. Ce qui est alors présenté par Fichte comme un critère subsidiaire demeure la seule justification de l'introduction de la peine juridique et donc sa justification principale et première. Il nous reste à l'examiner.

LA PRÉVENTION SPÉCIFIQUE ET LA RESOCIALISATION COMME JUSTIFICATION DE LA PEINE JURIDIQUE

Fichte ne justifie que très brièvement le fait qu'il adopte une alternative à l'exclusion du criminel. Sa justification tient en deux citations : 1) « [...] conserver ses citoyens est tout aussi important pour l'État [...] qu'il importe pour chaque individu de ne pas être, pour chaque délit, déclaré privé de droits »[30]; 2) « Ce contrat est utile aussi bien à tous (à l'État comme tout) qu'à chaque individu. Le tout obtient ainsi la chance de conserver le citoyen dont l'utilité dépasse la nocivité, et il reçoit l'obligation d'admettre l'expiation; l'individu obtient le plein droit d'exiger que l'on admette cette expiation à la place de la punition plus lourde dont il était

29. I, 4, 60; Renaut 270.

30. I, 4, 60; Renaut 270.

passible »[31]. Si l'intérêt du citoyen à être puni plutôt qu'exclu est aisé à comprendre, en revanche, son « utilité » pour la société nécessite une explication. On aurait tort de croire que, pour Fichte, il ne s'agit pas d'une justification juridique, en prétendant que la communauté juridique peut continuer à exister entre les citoyens qui n'ont pas encore commis de crime. En effet, deux passages et moments de la déduction du concept de droit menée au § 4 du *Fondement* montrent clairement que l'exclusion de la communauté pour défaut de reconnaissance réciproque ne saurait être définitive, mais doit être, au contraire, limitée strictement à la période de ce défaut de reconnaissance, et que cela vaut pour les rapports avec tous les êtres raisonnables finis. Parlant des relations avec un autre individu, Fichte écrit : « À supposer qu'il agisse de façon telle que son action soit certes déterminée par les prédicats sensibles de l'action précédente […] mais non pas par le fait qu'il m'a reconnu comme être libre, c'est-à-dire qu'il me dérobe par son action la liberté qui me revient et me traite alors comme un objet […]. Je peux donc, avec une cohérence parfaite, qui est ici mon unique loi, le traiter, dans le cas dont il s'agissait, comme un simple être sensible, jusqu'à ce que les deux caractéristiques, sensibilité et rationalité, soient à nouveau réunies dans le concept de son action »[32]. Fichte explique : « […] je me réclame d'une loi qui vaut pour nous deux et je l'applique au cas présent […]. Mais, dans la mesure où je me réclame contre lui de cette loi commune, je l'invite à juger en même temps que moi ; et j'exige que, dans ce cas, il lui faille trouver conséquente et approuver mon attitude à son égard, cela sous la pression des lois de la pensée. […] Cette instance qui oblige n'est aucunement une loi morale, mais c'est la loi de la pensée ; et ce qui apparaît ici, c'est que le syllogisme a une validité pratique »[33]. Or dans les lignes qui suivent (division C), Fichte universalise cette exigence d'une attitude conséquente à mes relations à tous les individus. Dans le § 4 où sont incluses ces lignes, Fichte entend montrer ce

31. I, 4, 60 ; Renaut 271.

32. I, 3, 356 ; Renaut 64.

33. I, 3, 356 ; Renaut 65.

qu'énoncent ses titres de divisions : « I – Je ne peux exiger d'un être raisonnable déterminé qu'il me reconnaisse pour un être raisonnable que dans la mesure où je le traite moi-même comme tel », « II – […] il faut que j'inspire à tous les êtres raisonnables hors de moi l'idée, dans tous les cas possibles, de me reconnaître pour un être raisonnable »[34] et « III – Il me faut reconnaître dans tous les cas l'être libre hors de moi comme tel, c'est-à-dire limiter ma liberté par le concept de la possibilité de sa liberté »[35]. Je n'entreprendrai pas ici de montrer en quoi, selon Fichte, ces exigences sont des conditions de possiblité de la conscience de soi de l'être raisonnable fini, et moins encore d'examiner s'il a raison sur ce point. Je me bornerai à remarquer que, pour Fichte, l'exigence d'admettre tout être raisonnable fini et de le traiter en tant que tel est constitutive du concept de droit, ce qui signifie que, si une communauté juridique est réellement une communauté juridique, elle ne saurait décider par son propre arbitre de la question de savoir qui doit être membre ou non. Les lois de la pensée réclament que tout être libre soit membre de la communauté juridique, non seulement aussi longtemps qu'il reconnaît autrui et agit en conséquence, mais aussi dès qu'il le reconnaît à nouveau et agit à nouveau en conséquence. Dans le § 4, il est clair que, pour Fichte, l'exclusion de la reconnaissance réciproque ne saurait être définitive : elle n'est qu'une suspension jusqu'à ce qu'autrui me reconnaisse à nouveau. L'utilité dont parle Fichte n'est donc pas à prendre au sens qui est usuel de nos jours, à savoir celui qu'adopte par exemple l'utilitarisme. La tradition dont provient Fichte n'est pas la philosophie écossaisse ni l'utilitarisme du dix-huitième siècle, mais le Droit Naturel, qui s'inspire d'Aristote et plus encore de Cicéron. L'utilité, qui n'est pas seulement apparente, mais véritable, n'est autre que ce qui contribue à la poursuite du droit comme ordre juste total. Si l'on rapporte cette définition au texte fichtéen qui nous intéresse, l'utilité pour l'individu et pour le tout que constitue la communauté juridique est que la peine au sens juridique contribue au bien

34. I, 3, 352, respectivement Renaut 59 et 61.

35. I, 3, 358; Renaut 67.

qu'est la communauté juridique. De fait, sans l'institution de la peine au sens juridique du terme, la communauté juridique cesserait, comme nous l'avons vu, de satisfaire un des éléments constitutifs de toute véritable communauté juridique. Cet élément requiert à la fois la suspension provisoire du criminel et sa réintégration dans la communauté juridique dès qu'il s'en montre aussi capable que les autres citoyens.

C'est pourquoi Fichte, qui prône d'abord comme montant de la peine le talion, passe ensuite à la prévention spécifique et à l'amendement. Alors que dans le § 20 Fichte commence par reprendre comme montant de la peine la « peine de perte égale, *poena talionis* »[36] supposée être l'instrument de la prévention, il écrit quelques pages plus loin à propos du criminel : « Il doit perdre sa liberté jusqu'à ce que l'on soit certain de son amélioration [...] »[37]. Plus loin encore, il précise : « En premier lieu, il est nécessaire de les séparer effectivement de la société [...] [prévention spécifique obtenue en rendant les criminels incapables de nuire]. Donc ils ont, dans cette mesure, totalement perdu leur liberté. Mais pour s'amender, il faut être libre, et celui dont on doit juger l'amélioration, il lui faut également être libre. Il y a donc une maxime capitale : ces hommes, à l'intérieur de cette limitation nécessaire, doivent être libres et vivre entre eux en société »[38].

De la thèse, il demeure donc l'exclusion de la communauté juridique, quoiqu'elle soit maintenant provisoire, et de l'antithèse il demeure l'appartenance à la communauté juridique, quoique non pas immédiatement, mais seulement après l'amendement du criminel. La synthèse est le contrat d'expiation. Ce raisonnement correspond à trois éléments importants de la philosophie du droit kantienne : la violation du droit donne un droit de contrainte exercé par l'État, le choix des membres de la communauté juridique n'appartient pas à cette communauté et enfin, lorsqu'une situation est contraire au droit, on doit instaurer la communauté juridique, comprenant tous les hommes, par la voie la plus courte possible.

36. I, 4, 61 ; Renaut 272.

37. I, 4, 65 ; Renaut 277.

38. I, 4, 70 ; Renaut 283.

CONCLUSION

Je suis bien conscient que mon interprétation se heurte au fait que, dans le § 20, Fichte ne renonce pas explicitement à la justification de la peine au moyen de la prévention par la menace. Pourtant, la prévention spécifique et l'amendement ne constituent pas seulement deux justifications différentes du droit pénal. Le montant de la peine déterminé par le contrat d'expiation contredit également de manière patente la peine du talion prônée dès le chapitre sur le droit de contrainte. Fichte écrit en effet : « Il serait très opportun que le criminel, après avoir mesuré sa corruption, ait le droit de déterminer lui-même le temps pendant lequel il entendait s'amender, sous réserve pourtant qu'il soit libre plus tard, éventuellement, de l'allonger dans une certaine mesure. Mais il faut à tous, selon les circonstances, imposer un terme péremptoire pour leur amendement »[39], à l'expiration duquel les criminels doivent être définivement exclus de la communauté juridique s'ils ne se sont pas amendés.

Face à cette tension entre deux justifications, mon argumentation a consisté à montrer que, sauf à accepter une prémisse manifestement fausse sur l'effet préventif comparé de l'exclusion et de la peine juridique, les deux sont incompatibles, et qu'une fois cette prémisse écartée, l'argumentation fichtéenne s'exprime en faveur de la prévention spécifique et de la resocialisation.

Il n'en reste pas moins que la punition juridique étant la sanction publiquement connue qui résulte de la violation du droit, elle exerce un effet préventif comme une menace pour le délinquant potentiel. Cependant, la menace de la peine ne saurait être justifiée que si la peine est justifiée, car la peine n'est pas un moyen comme un autre, mais constitue une restriction de la liberté que le droit reconnaît aux citoyens et qui nécessite donc une justification. Il faut certes remarquer que, si la prévention par la menace était d'une efficacité totale, et que la peine ne devait jamais être appliquée – ce qui est le but que Fichte lui assigne dans le chapitre sur le droit de contrainte –, nous n'aurions pas à justi-

39. I, 4, 71 ; Renaut 284.

fier la peine et Fichte n'aurait pas eu à écrire le § 20. C'est bien à la réalisation d'une efficacité totale que pense le chapitre sur le droit de contrainte qui énonce que « la sécurité des deux personnes doit dépendre [...] d'une nécessité semblable à celle d'un mécanisme et évacuant absolument toute possibilité d'une exception. Une telle sécurité n'existe qu'à la condition que pour l'un comme l'autre la loi juridique soit la loi inviolable de leur volonté »[40]. Or la loi juridique devrait certes être normativement inviolable; mais la liberté au sens du libre-arbitre est potentiellement infinie, et toujours capable de franchir les limites, même inviolables. Il n'y a que les lois de la nature qu'il soit impossible de violer. La contrainte est certainement un instrument efficace, mais elle n'est jamais totalement efficace. Comme la déduction du droit l'a montré, seul se laisse contraindre celui qui accepte la contrainte. C'est pourquoi il faut justifier la peine avant de justifier la menace, il faut distinguer rigoureusement le droit de contrainte du droit de punir, qui est un droit de contraindre très spécifique, et il faut abandonner non seulement l'utopie kantienne d'un État qui exécute des jugements moraux, mais aussi l'utopie fichtéenne d'une société parfaitement sûre, pour viser plutôt, avec la théorie de la prévention spécifique et de l'amendement, l'institution de la société la plus juste possible, laquelle est aussi la société la plus sûre possible.

40. I, 3, 424; Renaut 153.

Peuple, État, Histoire universelle

Claudio CESA

Une question préliminaire, que je voudrais proposer comme préambule de mon exposé, concerne le rapport entre les ouvrages systématiques de Fichte sur le droit et l'État (le grand traité sur le droit naturel, le petit ouvrage sur l'*État commercial fermé*, et aussi les leçons de théorie du droit qu'il a professées tout au long de sa carrière universitaire) et, de l'autre côté, les ouvrages et les brouillons sur des sujets directement politiques : la Révolution française, ses retentissements au-delà du Rhin et, par la suite, l'effondrement du système des États allemands sous les coups de bélier des armées napoléoniennes, la collaboration des élites, le désarroi des masses. La lecture suivie des écrits politiques de Fichte impose une remarque : sur certains sujets, ses idées se modifient d'une façon très nette, et parfois il dit presque le contraire de ce qu'il avait énoncé auparavant. L'explication que l'on serait tenté de donner, à savoir que ses doctrines s'adaptaient à la modification de la réalité des choses – et dans cette période, les choses se modifiaient avec une étonnante rapidité – ne peut être satisfaisante, car Fichte a toujours voulu donner à ses propos quelque motivation théorique.

Quoiqu'il en soit, les interprètes ont souligné la distance entre la première période de la réflexion politique de Fichte, qui serait toute concentrée sur la sauvegarde des droits de l'homme, par une structure constitutionnelle qui en assurerait l'exercice réel, et une seconde période, où un patriotisme exacerbé l'aurait poussé vers le « machiavélisme ». Mais, y a-t-il vraiment une coupure dans l'histoire intellectuelle de Fichte ? J'ai dit que, sur certains points, il semble, dans ses dernières années, renverser ses vues ; il faut ajouter que, d'une façon parfois étonnante, des idées, et même des expressions, des écrits de jeunesse reviennent sous sa plume dans la période berlinoise tardive. Victor Basch se trompait-il tout à fait, en soutenant que Fichte avait toujours été un « jacobin mystique »[1] ?

Les interprètes font leur travail en s'interrogeant sur les phases de la pensée d'un auteur, et sur leur cohérence ; mais cette fois, l'auteur lui-même s'est posé la question dans la dernière année de sa vie. Le journal que Fichte rédige en 1813 est un témoignage saisissant de l'énergie et, il faut bien le dire, de l'absolue honnêteté intellectuelle avec laquelle il réfléchissait sur la politique contemporaine, en rappelant ce qu'il avait dit autrefois, et en s'interrogeant aussi sur la compatibilité de ses théories philosophiques avec les maximes qu'il élaborait à l'usage de ses compatriotes. Une difficulté majeure était le décalage entre ce qui est vrai en raison et ce qui est vrai (et donc éthiquement obligatoire) dans la situation donnée, qui n'est évidemment pas la même pour tous ; le but final est l'humanité et, en principe, chacun doit y apporter sa contribution ; des personnalités exceptionnelles ont su s'affranchir des limites du milieu contemporain et ont donné, par leur vie, l'exemple d'une parfaite humanité ; mais le passage (qui n'est pas une transition mais une révolution) du monde ancien au monde nouveau est une entreprise collective, qui concerne les peuples, et c'est ici que les problèmes s'enchevêtrent, car qui dit peuple dit aussi détermination naturelle et lien historique (*Bindung durch Geschichte*), dont il faut évidemment se libérer, mais qui pourtant

1. Victor Basch, *Les doctrines politiques des philosophes classiques de l'Allemagne*, Paris, 1927, p. 109. Aujourd'hui, ce vieux livre est presque oublié, mais il a rendu des services. *Cf.* cependant l'article récent de C. Trautmann-Waller, *V. Basch : l'esthétique entre la France et l'Allemagne*, in *Revue de métaphysique et de morale*, 2002, n°2, p. 227-240.

sont là, avec leur lourdeur. Dans ses notes du journal[2], Fichte semble se mettre soi-même en garde contre la confusion du métaphysique et de l'historique; la politique appartient à ce second niveau, dont l'origine est parfois arbitraire, mais qui a pourtant fait surgir ces « notions que l'on peut apercevoir » (*übersehbarer Begriff*) que sont les peuples. Le savant, l'homme impérieux qui contraint son peuple à se plier aux lois, travaille pour l'avenir, qui embrasse l'humanité entière, mais il doit prendre conscience que son terrain d'activité est « évidemment sa nation » (*Da nun natürlich auf seine Nation*). Il s'agit de promouvoir la réalisation de la destination de l'homme en acceptant sa lenteur, et en s'efforçant d'en pénétrer les étapes. Ici la philosophie transcendantale donne l'orientation indispensable.

On peut évidemment discuter à l'infini sur le bien-fondé de l'adaptation fichtéenne des principes philosophiques aux « images » historiques, et je rappelle à ce sujet les observations pertinentes de M. Reinhard Lauth[3]; mais au lieu de s'emporter contre le prétendu « nationalisme » de Fichte, il faut se souvenir que « l'éveil des nationalités »[4] inspirait, dans tous les pays d'Europe, des considérations similaires. Si la noblesse d'ancien régime était cosmopolite, le peuple se voulait national, et chaque nation revendiquait sa primauté, en proposant, en même temps, un renouveau de la « religion ».

La pensée de Fichte a, dès le début, une propension à la fois universaliste et historique, que l'on peut constater même lorsqu'il professe une position strictement rationaliste, inspirée du droit naturel de l'école kantienne. Qu'on ne se laisse pas aveugler par son refus méprisant des arguments tirés du droit historique, par

2. Le journal de 1813-1814 de Fichte a été en partie publié par M. R. Lauth (*Fichtes « Ultima Inquirenda ». Letzte Bearbeitungen der W. L. Ende 1813-Anfang 1814*, Stuttgart, Frommann-Holzboog, 2001). La transcription dactylographiée d'une partie ultérieure à été aimablement mise à ma disposition par M. E. Fuchs, que je remercie beaucoup.

3. R. Lauth, *Der letzte Grund von Fichtes, Reden an die deutsche Nation*, in *Vernünftige Durchdringung der Wirklichkeit*, Neuried, Ars Una, 1994, p. 447-479.

4. J'utilise à dessein le titre du volume bien connu de G. Weill, publié en 1930 dans la collection *Peuples et civilisations*.

exemple dans les *Contributions* sur la Révolution française : il refuse le droit des princes à gouverner pour la raison qu'ils ont hérité du pouvoir de leurs ancêtres, mais il le refusera aussi vingt ans plus tard, même si, pour rendre possible une unité opérationnelle contre l'empire français, il se préoccupe de ménager les princes allemands. L'histoire qu'il méprise, et dont il repousse l'autorité est, à ses yeux, un amas de données factuelles, un bazar, d'où qui que ce soit peut tirer ce qu'il veut. L'histoire véritable, au contraire, est l'émergence graduelle de la conscience de la liberté et de la dignité humaines; celle des modernes est liée au christianisme, a été proclamée par Luther, a reçu de Kant son assise doctrinale et s'est répandue parmi les peuples de l'Europe civilisée. Le droit dont il s'engage à exposer les structures rationnelles est fondé en raison, et pourtant éternel, mais il n'était pas, dans les formes théoriques qu'il professe, concevable avant l'âge moderne.

Fichte a toujours connu le progrès, mais il n'a pas encore, dans ses premières années, réfléchi sur les modalités du chemin de l'humanité; il semble accepter quelquefois le modèle kantien d'une confluence des desseins de la nature et des perfectionnements de l'ordre légal, mais il se rendit compte, aussi, de l'insuffisance de cet arrangement; il ressentait que les événements avançaient et qu'il fallait les comprendre pour les orienter. Son travail opiniâtre sur la forme systématique de la philosophie première, la Doctrine de la science, est accompagné, à chaque étape, par une réflexion tous azimuts, oserai-je dire, sur les formes de la vie collective. L'exposé scientifique d'une théorie du droit est le premier résultat qu'il propose; une philosophie de l'histoire, dans laquelle politique et religion s'entremêlent, sera le second.

Il serait absurde, de ma part, de vouloir tracer une ébauche de la pensée « politique » de Fichte; j'ai choisi à dessein trois concepts, exprimés par trois mots, dont je tâcherai de mettre en évidence les différentes significations dans le langage fichtéen; et peut-être éviterai-je ainsi de débiter des banalités, ou des notions élémentaires que tout le monde connaît.

La fonction primaire de l'État est d'introduire le droit qui, de son côté, est un « équilibre des droits »[5]; il s'agit de régler les rapports entre plusieurs sujets, de façon que chacun exerce ses propres droits sans empiéter sur les droits d'autrui. La loi doit être exercée par une autorité reconnue par les citoyens, en vertu du pacte constitutionnel. Les hommes travaillent, c'est-à-dire qu'ils utilisent des objets naturels – les champs, les mines, les fleuves – ce qui implique que la communauté leur assigne une partie de ces biens, ou leur en garantit l'usage (je ne veux pas traiter ici des différentes phases de la pensée de Fichte au sujet de la propriété) ; mais l'État n'est pas conçu comme exerçant une souveraineté territoriale, c'est le contraire qui est vrai : « L'État n'est pas une pièce de terre, mais une société d'hommes ; il ne se compose pas de champs, mais de personnes »[6]. Ce passage est tiré du *Beitrag*, où l'on peut trouver aussi que « l'État ne peut contraindre personne à entrer avec lui dans le contrat civil »[7]. On peut soutenir, en conséquence, que l'État n'a aucun droit de souveraineté exclusive sur un territoire, ni sur ceux qui l'habitent; et, de fait, Fichte avance la thèse, soutenue d'une façon quelque peu paradoxale, de la parfaite possibilité d'un *État dans l'État*[8]. Jusqu'ici, semble-t-il, l'État a le contrôle du territoire seulement en tant qu'il règle les rapports entre des hommes qui ont choisi, ou qui ont accepté, d'entrer sous sa juridiction. Cette façon de penser fait son apparition encore quatre ans après, dans le Second supplément du *Droit naturel :* « L'État, en soi, n'est rien d'autre qu'un concept abstrait : c'est seulement les citoyens, en tant que tels, qui sont des personnes réelles »[9]. Si ceux qui s'unissent dans le lien étatique étaient des individus qui choisissent chacun pour son compte, il

5. *Gesamtausgabe* (*GA*), I, 3, 416-417; trad. fr. A. Renaut, *Fondement du droit naturel selon les principes de la doctrine de la science* (*FDN*), Paris, P.U.F., 1984, p. 142-144.

6. *GA* I, 1, 400; trad. fr J. Barni *Considérations sur la révolution française* (*Cons…*), Paris, Payot, 1974, p. 257.

7. *GA* I, 1, 393; trad. fr. *Cons…*, p. 249.

8. *GA* I, 1, 291; trad. fr. *Cons…*, p. 161.

9. *GA* I, 4, 152-153; trad. fr *FDN*, p. 381.

n'y aurait pas de *peuple* définissable par des caractères naturels. À l'appui de cette thèse, je rappellerai certains passages du *Beitrag*. Dans le chapitre 3, « peuple » désigne ceux qui ont stipulé un contrat qui ne saurait être modifié sans le consentement de tous ; mais dans un autre passage, « peuple » traduit le latin *plebs*, par opposition au patriciat[10], et très souvent « peuple » désigne les dominés, par opposition aux princes, et, en dernière instance, tous ceux qui sont exploités, notamment les artisans et les paysans, traqués à la fois par les propriétaires et les marchands[11]. Il faut se garder, pourtant, de conclure, trop rapidement, que Fichte plaide en faveur d'un égalitarisme absolu, car sa rancune plébéienne, dérivée de ses sources familiales, s'assortit bientôt d'une espèce d'orgueil de savant ; déjà dans la préface du *Beitrag*, il avait remarqué que le langage des savants, des universitaires, était étranger « à la plus grande partie des hommes »[12], et il s'engageait à écrire d'une façon toute différente. La méfiance à l'égard des universitaires reste une constante dans la mentalité de Fichte, juxtaposée bientôt, et de plus en plus, à la proclamation que le savant, le véritable savant, est de droit membre de la classe gouvernante ; la vraie aristocratie est celle des savants, des intellectuels, car elle seule est conforme à la raison, ouverte au mérite. Dans *L'État commercial fermé*, il revendiquera, pour les membres de cet état (*Stand*), le droit à une meilleure nourriture, et à un logement plus confortable par rapport à ceux qui exercent des métiers manuels. La perspective est ici modifiée : le rapport n'est plus exploiteurs-exploités, mais éducateurs-éduqués : le *peuple* est ce qui reçoit l'impulsion, le savant, l'intellectuel, l'homme éclairé (*der Erleuchtete*) est celui qui la donne. Il ne faut jamais oublier cette structure profonde de la mentalité de Fichte ; si on l'oublie, on se trouvera réduit à des disputes infinies sur le problème de savoir si Fichte est égalitariste ou autoritariste, et il est les deux à la fois : chacun a le droit de s'élever au rang de savant, pourvu qu'il en ait l'aptitude ; mais il est vrai aussi que

10. *GA* I, 1, 328-330 ; trad. fr. *Cons*…, p. 193-195.

11. *GA* I, 1, 318-319 ; trad. fr. *Cons*…, p. 183-184.

12. *GA* I, 1, 204 (Fichte écrit « *die größere Hälfte* ») ; trad. fr. *Cons*…, p. 80.

« dans la lutte des esprits avec les esprits », c'est-à-dire là où la confrontation n'est pas décidée par la force brutale, « le vainqueur est toujours l'homme le plus relevé et le meilleur »[13].

Ici se fait jour une question quelque peu paradoxale : le savant qui se fait l'apôtre des droits du *peuple* fait-il lui-même partie du peuple ? En principe, une réponse affirmative semble s'imposer ; mais, sur le terrain de l'organisation politique, la distinction que j'avais remarquée entre les savants et le peuple revient sous une forme nouvelle : l'ensemble des citoyens, la *Gemeine*, est le peuple dont sont séparés les magistrats professionnels, élus ou nommés, qui exercent le « pouvoir d'État » ; ceux-ci, en tant que magistrats, n'appartiennent pas au *peuple*[14]. Il serait déplacé de discuter le modèle constitutionnel que Fichte propose : un seul point doit être souligné, à savoir que le peuple, en tant que tel, ne peut pas se gouverner directement : la « représentation », c'est-à-dire la délégation du pouvoir, est une « nécessité absolue », imposée par la raison[15]. Tout cela n'implique pas que le peuple soit réduit en sujétion : si la légalité chancelle, le peuple peut, ou bien s'endormir, et c'est le despotisme, ou bien s'éveiller, et c'est la révolution, avec ses excès ; Fichte est loin de justifier « la colère aveugle d'une masse excitée qui agirait de façon injuste au nom de la loi »[16], mais il refuse de condamner en principe un soulèvement populaire : sa position est bien illustrée par les mots dont il fait usage : communauté (*Gemeine*) et peuple (*Volk*) ; le peuple est communauté seulement s'il est convoqué, selon les formes légales, par les magistrats qui en ont le pouvoir. Mais si toutes les instances constitutionnelles sont corrompues, si l'appel à la communauté n'est pas possible, s'il n'y a plus de communauté, il reste toujours le peuple, la source du pouvoir. Remarquons que Fichte ne discute pas le bien-fondé d'une éventuelle colère populaire : il se préoccupe seulement de marquer que le peuple « tout entier »,

13. *GA* I, 3, 38 ; trad. fr. J.-L. Vieillard-Baron, *La destination du savant,* Paris, Vrin, 1994, p. 50.

14. *GA* I, 3, 452 ; trad. fr. *FDN*, p. 189.

15. *GA* I, 3, 439 ; trad. fr. *FDN*, p. 173.

16. *Ibid.* ; trad. fr. *FDN*, p. 172.

c'est-à-dire lorsqu'il se soulève en masse, « n'est jamais un rebelle; car le peuple est en fait et en droit le pouvoir suprême – il est la source de tout autre pouvoir et est responsable devant Dieu seul »[17].

Le peuple serait-il donc un corps agissant seulement dans une situation révolutionnaire ? Et, le cas échéant, serait-il une unité, même en dehors des structures constitutionnelles ? Dans son traité du droit naturel, Fichte, que je sache, ne se pose pas *cette* question, et il l'aurait peut-être même repoussée[18]. Si j'ai osé l'avancer, c'est parce que, dans le *VIIIe Discours à la nation allemande*, Fichte n'aura aucune hésitation à déclarer que le peuple est comme une entité dotée d'une « continuité éternelle »; s'agit-il d'une continuité simplement spirituelle ?

À ce point de l'exposé, il faut reporter notre attention sur l'État comme unité territoriale; ce caractère est théorisé pour la première fois, pour autant que je sache, dans *L'État commercial fermé*. À vrai dire, un élargissement vers cette dimension pouvait déjà être pressenti, d'une façon implicite, dans le traité sur le droit naturel. L'on se souviendra que l'autorité étatique avait, comme fonction fondamentale, la protection de la sûreté de chacun, même à l'égard des filous; et l'obsession de la sécurité poussait Fichte à charger l'administration, ou la police (*Polizei*) de l'obligation de « savoir où se trouve chaque citoyen à chaque heure du jour et ce qu'il fait »[19], ce qui implique évidemment le contrôle du territoire. Mais il s'agit seulement d'une présupposition, confortée, si l'on veut, par une constatation empirique : « Puisque la surface de la terre est divisée par des mers, des fleuves, des montagnes, et qu'ainsi les hommes sont séparés, cela aussi rendait nécessaire la

17. *GA* I, 3, 456-457; trad. fr. *FDN*, p. 195.

18. Fichte reviendra sur ce sujet dans ses dialogues sur le patriotisme (1807) : il dit qu'il serait blamable d'utiliser l'affaiblissement de l'ordre légal et une situation de tension révolutionnaire (*revolutionäre Spannung*) pour imposer des lois hors des formes constitutionnelles (*Sämmtliche Werke* [*SW*], XI, 249-250); trad. fr. L. Ferry, A. Renaut, *Dialogues patriotiques*, in *Machiavel et autres écrits philosophiques et politiques de 1806-1807*, Paris, Payot, 1981, p. 114-115.

19. *GA*, I, 4, 92; trad. fr. *FDN*, p. 310.

naissance de différents États »[20]. Dans le même ouvrage, Fichte redit pourtant que la sphère extérieure de l'État est délimitée par la sphère d'activité de ses citoyens : « *die Grenze der Bürger wird für die Staaten Grenze des Staats* » : « Les limites imposées aux citoyens deviennent, pour les États, les limites de l'État »[21].

Quoi qu'il en soit, cette présupposition, dans *L'État commercial fermé*, est doublée par la lecture, d'origine révolutionnaire, des frontières naturelles, ce qui en change profondément la portée; voilà l'énoncé : « Certaines parties de la surface terrestre, avec leurs habitants, sont évidemment destinées par la nature à former un Tout politique »[22]. Remarquons-le bien : « avec leurs habitants »; tandis que, auparavant, c'était l'activité des citoyens qui déterminait l'extension du territoire de l'État, maintenant c'est presque le contraire : Fichte dit, d'une façon explicite, qu'il faut s'en tenir à ce que le sol de l'État où nous sommes nés permet d'en tirer; la prétention de jouir de biens qui ne sont pas produits en ce lieu, est repoussée comme une dangereuse extravagance : « Se demander pourquoi je ne dispose pas de marchandises qui sont produites dans un autre pays, signifie, en d'autres termes, se demander pourquoi je n'habite pas tel pays – à peu près comme si un chêne se demandait pourquoi il n'est pas un palmier, et vice versa. Chacun doit *(muss)* être satisfait de la sphère dans laquelle la nature l'a placé, et de tout ce qui en dérive »[23]. La semonce moralisante n'élimine pas le problème : il y a évidemment des biens nécessaires qu'il n'est pas possible de tirer du sol, ou du sous-sol, d'un territoire donné; et Fichte, redoutable logicien, en tire aussitôt la conséquence. La plupart des États européens, remarque-t-il, se sont constitués selon les vicissitudes du hasard, de l'histoire empirique : d'où le désordre des rapports économiques, les conflits commerciaux qui se font guerre ouverte, etc. Pour en finir, l'État doit se constituer en unité économique

20. *GA*, I, 4, 152; trad. fr. *FDN*, p. 380.

21. *GA*, I, 4, 155; trad. fr. *FDN*, p. 384.

22. *GA*, I, 7, 117; trad. fr. (modifiée) D. Schulthess, *L'État commercial fermé* (*ECF*) Lausanne, L'Âge d'homme, 1980, p. 149.

23. *GA*, I, 7, 62; trad. fr. (modifiée) *ECF*, p. 80.

autarcique, en conquérant l'espace qui lui est nécessaire, et en donnant encore à ses voisins la garantie formelle que, par la suite, il n'essaiera plus jamais de s'agrandir. Il est presque inutile de remarquer que les frontières naturelles, du point de vue de la pleine indépendance économique, pouvaient arriver très loin : dans un brouillon de l'année 1807, on trouve l'idée que le futur État allemand doit avoir un débouché sur la mer Adriatique, et aussi que Gibraltar doit être allemande[24].

Il serait trop facile, et donc déplacé, de faire de l'ironie sur de tels propos. Je les ai cités, car ils sont un témoignage de la recherche, de la part de Fichte, de la dimension optimale d'un État, afin de garantir à l'intérieur la justice sociale, la seule, dit-il, qui « constitue » réellement une communauté juridique, car ceux qui vivent dans la détresse ne peuvent pas se sentir obligés par les lois du Tout.

Nous avons remarqué une expansion progressive des prérogatives de l'État, dont le sommet est sa fonction d'introduire, et non seulement de gérer, l'ordre social, c'est-à-dire le bien-être permanent, et rationnel, d'un peuple entier. Mais l'État est resté une organisation (ou une institution : *Einrichtung*) juridique et économique, une condition négative, si l'on veut, de la moralisation des hommes : en réprimant les tendances à la prévarication que l'on peut supposer chez chacun (et qui, même seulement supposées, sapent la confiance réciproque), l'État répand une attitude générale légaliste qui, à son tour, réduit la nécessité d'une intervention constante du pouvoir public; il ne serait pas absurde d'imaginer une société sans État, l'activité des magistrats est un métier comme les autres. Qui a lu les *Contributions* se souviendra d'une figure, d'une représentation graphique, que Fichte a insérée dans le troisième chapitre : quatre cercles concentriques, dont le plus grand désigne le domaine de la conscience (le monde des esprits) et le plus petit, le domaine du contrat civil, dont le contrat étatique est un cas particulier : « le monde des contrats est le monde des phénomènes en tant qu'il n'est pas parfaitement

24. *GA*, II, 10, 389.

déterminé par la loi morale »[25]. L'État est donc situé dans le degré le plus bas, ou bien (c'est la même chose), dans le cercle le plus petit, et il ne peut pas empiéter sur les autres.

Cet ordre se modifie en partie dès qu'une vue philosophique de l'histoire permet de connaître une progression, dont les étapes ne sont plus les formes constitutionnelles, mais bien ce qui est leur fondement, c'est-à-dire la conception de l'homme, et la conception de Dieu (dans le langage de Fichte : *religiose Einsichten*). Fichte avait touché à ces thèmes dès sa première jeunesse, il les avait apparemment quittés, pendant les années d'Iéna, et il les reprend à nouveau, dans une perspective beaucoup plus large, dans la période berlinoise.

C'est ici que l'État – bien que les choix moraux et les sciences supérieures restent toujours en dehors de sa juridiction – reçoit une légitimation grandiose : « L'État, qui doit diriger vers la fin commune une somme nécessairement finie de forces individuelles, se considère nécessairement comme un tout fermé et, comme sa fin générale est la fin de l'espèce humaine, il considère la somme de ses citoyens comme l'espèce humaine même »[26]. Le passage peut étonner, surtout lorsque, quelques lignes plus loin, on lit que l'État « sacrifie » les « forces individuelles » (c'est-à-dire les citoyens), à lui-même, comme à ce qu'il y a de suprême (*das Höchste*) pour l'espèce. Mais, avant de nous étonner, tâchons de comprendre : l'État dont il est question ici n'est plus seulement une organisation extérieure; au contraire, l'État qui, à chaque époque, est le plus perfectionné, est le siège de la culture la plus élevée, le siège, aussi, d'une notion toujours plus purifiée de la religion.

Il serait déplacé, ici, de résumer, même de manière élémentaire, la philosophie de l'histoire exposée dans les *Grundzüge* et surtout les leçons 11 à 14, dédiées à la philosophie matérielle de l'histoire : la succession des peuples les plus éminents qui ont marqué le

25. *GA*, I, 1, 278; trad. fr. (modifiée), *Cons*..., p. 148.

26. *GA*, I, 8, 313; trad. fr. I. Radrizzani, *Le caractère de l'époque actuelle*, Paris, Vrin, 1990, p. 156-157.

progrès de l'humanité, et les avatars de la religion dénommée *chrétienne*. Cette partie, dont les sources ne sont pas encore bien connues, mériterait un examen très sérieux : en fait, c'est toute la pensée allemande de l'époque qui s'engage à discerner le fil d'Ariane de l'histoire universelle, en se repliant sur le passé (pas seulement allemand) pour en tirer le diagnostic de l'avenir. Je voudrais avancer seulement deux petites remarques :

a) nous rencontrons ici encore le dualisme dont j'ai parlé : l'exemple le plus marquant en est les deux peuples qui sont à l'origine de l'État romain[27] que Fichte, selon la tradition des Lumières, juge le produit le plus admirable de la culture ancienne.

b) l'analogie frappante entre le dernier chapitre des *Grundzüge* et la neuvième thèse de l'article de Kant sur l'histoire universelle. La seule différence est que là où Kant, après avoir présenté l'apparent désordre de l'histoire, propose, pour lui donner une signification, un « dessein » « de la nature » ou, mieux encore, « de la Providence »[28], Fichte procède d'une façon bien plus directe. Cette fois encore, il a recours (bien que sans représentation graphique) à l'image des cercles concentriques : le cercle (la sphère) de la « religion intellectuelle » est disposé à l'intérieur d'une sphère plus large, de la religion rationnelle, ce qui signifie que la contingence aussi peut être jugée et évaluée « du point de vue religieux ».

Il ne faut pas oublier, en fait, que c'est dans la perspective d'un renouveau religieux radical que Fichte prône la refonte de l'État; celui-ci est « absolu » car la moralité, et la « *richtige Einsicht* » sont censées se diffuser à tous les niveaux, et le gouvernement, pour sa part, ne saurait ignorer le jugement de l'opinion publique. L'époque actuelle est à la charnière de deux époques, la troisième et la quatrième, le péché et la rédemption; l'État, aux yeux de Fichte, était l'instrument destiné à régir le passage.

27. Le thème des deux peuples était très diffusé, depuis Boulainvilliers jusqu'à la révolution française; mais un exemple d'intégration qui avait réussi pouvait être tiré de souvenirs scolaires : Virgile, *Aeneis*, l. VI, 756 *sq*.

28. I. Kant, *Akad. Ausgabe*. VIII, 30; trad. fr. L. Ferry *Idée d'une histoire universelle du point de vue cosmopolitique*, in *Œuvres philosophiques II*, Paris, Gallimard, 1985, p. 204.

Cet espoir – qui se voulait aussi théorie philosophique – fut renversé par l'effondrement de la Prusse après Iéna, et les réactions de Fichte nous révèlent son désarroi ; il décida de quitter Berlin, de rejoindre la cour qui s'était retirée à Königsberg, sans même se douter que son utilité y était nulle ; lorsqu'il s'en aperçut, il rentra à Berlin, où il rédigea ses *Discours à la nation allemande*. On évoque habituellement l'*Anweisung*, les *Grundzüge* et les *Reden* comme les trois grands cours de conférences « populaires » de la période berlinoise ; une précision pourtant s'impose, à savoir que les deux premiers cours traitent, sur un ton que Fichte dit populaire, de sujets « scientifiques ». Les *Discours*, par contre, sont un ouvrage occasionnel, moins original. La célébrité qu'ils ont obtenue (mais il ne faut pas croire qu'ils devinrent célèbres tout de suite ; leur diffusion devient massive après l'unification allemande, pas avant), leur célébrité disais-je, ne doit pas nous faire oublier ce que Fichte, avec une honnêteté parfaite, dit au début, à savoir que les *Discours* renvoient aux *Grundzüge*. Si on fait un recensement des énoncés théoriques des *Discours*, et si on les compare avec ceux des *Grundzüge*, on note peu de changement.

Ce qui a changé, c'est le protagoniste. Il aurait été ridicule de répéter les propos sur le rôle de l'État lorsque, après la défaite, le pouvoir effectif était aux mains des étrangers ; l'initiative « culturelle » (on a dit, à mon avis de façon heureuse, que Fichte exhorte ses compatriotes non à la guerre, mais à l'école) doit maintenant être exercée par un sujet autre que les « *Regenten* ». Les États ont échoué, leur territoire est occupé, l'unique réalité sur laquelle bâtir reste le peuple, dont certains traits typiques, jadis secondaires, reçoivent maintenant une signification primaire : le lien avec le territoire, le langage, le passé, à savoir l'histoire. Le peuple est la seule entité durable qui ait survécu, mais il n'est pas encore une nation, et il faut qu'il le devienne.

Nation est un mot que Fichte avait employé, pas très souvent à vrai dire, dès ses débuts, mais presque toujours dans une acception neutre, comme cela était commun au dix-huitième siècle dans les principales langues européennes ; il désigne, au choix : État, région d'appartenance, et aussi peuple. C'est avec la révolution française que nation devient un concept de toute première importance : la nation évoque une conscience d'appartenance, le droit à l'indépendance et à la liberté, des bienfaits qui seront mieux assurés si le corps qui en jouit est grand; en Italie, lors de la constitution de la république cisalpine, des adresses reconnaissantes furent envoyées à Napoléon, qui avait fait de peuples divisés une « respectable nation ».

Revenons à Fichte, et à la définition qu'il donne de *peuple :* le peuple « c'est un ensemble d'hommes vivant en société, se reproduisant sans cesse par eux-mêmes, spirituellement et naturellement, obéissant à une certaine loi particulière d'après laquelle le divin peut s'épanouir au sein de cette communauté »[29].

Le peuple, alors, est un cas particulier de l'explication des desseins de Dieu dans le monde des phénomènes, et il est évident que la longue durée est la preuve que, de ce dessein, tel peuple est un élément constituant; Fichte dit aussi « durée éternelle »[30]. Mais le peuple n'est pas la même chose que la nation; c'est l'éducation qui doit lui donner, ou pour mieux dire, lui restituer les caractères conformes à son essence, et à sa destination : voilà la mission des savants, des intellectuels : « éduquer la nation » « former avec tous les Allemands une seule communauté »[31]. L'enseignement ne doit pas être directement politique : il doit animer, plutôt, des communautés de jeunes gens qui par le travail, la vie morale, la formation religieuse, deviennent le modèle d'une société alternative. Pour les savants, il ne s'agit pas seulement d'un devoir : c'est leur existence même qui est en jeu, et Fichte le dit tout net : c'est seulement s'ils se font maître du peuple qu'ils pourront conserver leur rang; dans les époques passées (par exemple au temps de la Réforme) c'étaient des princes qui « par pitié pour leurs peuples » avaient prêté main forte; maintenant c'est la première fois que les savants seuls sont appelés à travailler pour la « *Fortbildung der Nation* »[32]; s'ils ne le font pas, le peuple s'arrangera par soi-même, les savants

29. *SW*, VII, 381; trad. fr. (modifiée) Molitor, *Discours à la nation allemande* (*DNA*), Paris, Costes, 1923, p. 123.

30. *SW*, VII, 382; trad. fr. (modifiée) *DNA*, p. 124.

31. *SW*, VII, 276; trad. fr. (modifiée) *DNA*, p. 14.

32. *SW*, VII, 278; trad. fr. (modifiée) *DNA*, p. 15.

d'aujourd'hui rentreront dans le peuple, et du peuple sortira une nouvelle classe de savants.

On peut bien croire qu'en 1808 Fichte pensait que l'hégémonie française sur l'Europe était destinée à durer. S'il parle de religion, et pas de politique, ce n'est pas seulement par prudence ; il dit religion car, à ses yeux, l'attitude religieuse a pour but prioritaire la défense de son identité, en regardant pourtant vers l'avenir. À longue échéance, cette conduite aboutira à une forme d'organisation politique, à la renaissance d'un État : lorsque les petites communautés auront répandu leur esprit, les unités étatiques que l'étranger a tolérées pourront elles aussi se modifier : l'État-machine disparaîtra, l'amour sera le mobile, et peut-être aussi qu'un des États existants prendra l'initiative des réformes : il sera ainsi le « fondateur de la Nation »[33].

La rapidité avec laquelle les événements arrivaient montrait qu'il aurait été absurde de se morfondre en attendant les résultats de la réforme intellectuelle et morale promise. D'autant plus que les princes allemands, à mesure que l'affaiblissement de Napoléon se faisait irréversible, quittaient leur attitude attentiste. Fichte n'avait aucune confiance dans les princes, il savait aussi que ses compatriotes n'étaient pas politiquement mûrs, et voyait avec une préoccupation croissante se profiler une restauration.

Les biographes ont souvent rapporté avec admiration que Fichte, en mauvaise santé, faisait régulièrement l'exercice militaire dans la garde nationale. À mon avis, il est bien plus admirable que, dans ces mois fiévreux, il ait trouvé la force de conjuguer ses dernières méditations sur la philosophie première avec une refonte de grande envergure de son système politique. On a souvent répété que les textes qu'il rédigea entre 1812 et 1814 sont une simple reprise, pas toujours heureuse, de ses idées antérieures. Je ne saurais voir un Fichte qui se répète. Il était si conscient des différentes étapes de son travail intellectuel, et de leur unité profonde, qu'il tenta une synthèse, où des thèses de ses premiers textes de jeunesse reprenaient leur place aux côtés de thèses plus tardives. En certaines occasions, par exemple dans le cours de

33. *SW*, VII, 438 ; trad. fr. *DNA*, p. 183.

théorie du droit de 1812, il s'appuya, en le rectifiant souvent, sur son traité de droit naturel de 1796-1797; mais il revient aussi aux thèses extrémistes du *Beitrag*, que par la suite il n'avait plus énoncé de cette façon : refus de la guerre des rois (faut-il se battre contre les Français pour rester sujet des rois allemands?), mise en question radicale du droit de propriété fondé sur l'héritage, refus d'accepter les églises en tant qu'organisations séculières avec base dogmatique. Il s'agit, je crois, d'une grandiose tentative de refonte, et pas d'accommodements conseillés par les circonstances.

J'en donnerai quelques exemples en me référant aux termes dont j'ai traité jusqu'ici. Voilà la nouvelle définition de peuple : « on appelle peuple une masse d'hommes (*Menschenmenge*) unifiée par une histoire commune, qui a pour but l'édification d'un empire (*Reich*). Son indépendance et sa liberté consistent en l'approche progressive, par ses propres forces, en suivant le chemin ainsi ouvert, de l'empire »[34]. Il ne faut pas se laisser effrayer par le mot *Reich!* Le but de l'empire est essentiellement de contrecarrer, et aussi de réduire, la souveraineté des États territoriaux existants; leur suppression n'était pas envisageable, il fallait les affaiblir, en réduisant avant tout l'emprise qu'ils exerçaient sur leurs sujets. Les moyens que Fichte propose, et qu'il n'est pas possible de discuter ici, peuvent apparaître naïfs, et également surannés, mais l'intention est bien nette. L'unique rôle reconnu aux États territoriaux, est le maintien de l'ordre légal, autrement dit le pouvoir de contraindre, qui est destiné à s'épuiser progressivement. Il faut également remarquer qu'avec les États territoriaux, c'est la forme-État elle-même qui est mise en question; les Allemands pourront à plus forte raison s'en passer, car, lorsqu'ils s'insérèrent dans le courant de l'histoire universelle, l'État leur était inconnu. Ou encore : le véritable caractère national (« *das eigentlich Nationale* ») consiste dans la capacité, de la part des représentés et des représentants, à se comprendre et à se faire réciproquement confiance.

Mais l'État, qui était la forme suprême de la vie collective du monde « ancien », a pourtant exercé sur les Allemands son

34. *SW*, IV, 412.

influence; il a été le moyen puissant d'imposer le droit, bien plus, il a été la carapace à l'intérieur de laquelle la forme-peuple (*Volksform*) a pu se conserver, et s'épanouir, par le langage et la culture. Ce bienfait n'est pas sans une contrepartie, à savoir que l'État maintient l'esprit du peuple (*Volkstümlichkeit*) mais en réprime aussi la puissance créatrice : l'État ne tolère pas les « sauts » (*Sprünge*) « de la liberté et du concept ». On s'aperçoit que Fichte a rectifié ici la perspective qui, encore dans les *Discours* était dominante, qui était de maintenir, de garder; et la raison en est toute philosophique : État et peuple sont des « concepts » (*Begriffe*), mais ils portent aussi, plus ou moins lourdement, l'empreinte d'une naturalité, dont il faut se libérer en vue du but final, « la liberté absolue de tous ».

La thèse que le peuple allemand est tout particulièrement appelé à parvenir à cette fin prend appui sur l'histoire du christianisme et de l'Église. En traiter ici serait sortir des limites de mon exposé; les considérations de Fichte sur ce sujet sont pourtant très importantes, même en faisant abstraction de toute utilisation *politique;* elles aussi sont en partie la reprise d'un thème de jeunesse dont il avait traité dans son premier livre l'*Essai d'une critique de toute révélation :* la nécessité de l'essor de la religion positive, et de son épuisement final. En 1792, Fichte avait posé le problème en théorie, en 1813 la théorie se doublait de l'histoire, sans cesser pourtant d'être théorie : d'où les contours pas toujours très nets du *christianisme*, ainsi que l'alternance de la religion et de la philosophie.

La mort subite empêcha Fichte de donner une forme littéraire à ses dernières réflexions; la mise en forme que son fils donna en 1820 d'une partie de ses papiers [35] tomba, semble-t-il, dans l'indifférence; un mémorialiste qui est souvent tendancieux, Varnhagen

35. La *Staatslehre* fut publiée, sans nom d'éditeur, à Berlin, en 1820 : (*Die Staatslehre oder über das Verhältnis des Urstaates zum Vernunftreiche*, gedruckt und verlegt bei G. Reiner), et reimprimée dans le volume IV des *SW* en 1845. Dans la Préface de 1845 le fils de Fichte ne nomme pas les éditeurs de l'impression de 1820.

von Ense, imputa le manque de succès à l'éditeur, qui aurait « complètement gâté la chose en enveloppant l'esprit du père sous un manteau chrétien, manteau trop court »[36]. Nous savons, aujourd'hui, que Fichte fils n'avait pas déformé la pensée de son père.

36. Cité par X. Léon, *Fichte et son temps*, Paris, 1927, II, 2, p. 272, note.